Wege zu Berliner Kirchen

Vorschläge zur Erkundung kirchlicher Stätten im Westteil Berlins

Matthias Hoffmann-Tauschwitz

Fotos von Harry C. Suchland

Wichern-Verlag

Herausgegeben vom Beauftragten der Evangelischen Kirche für die 750-Jahr-Feier Berlin (West) in Zusammenarbeit mit dem Presse- und Informationsamt des Landes Berlin

Satz: Wichern-Verlag, Berlin
Lithografien im Duplexverfahren:
Reprogesellschaft, Berlin
Druck: Color-Druck, Berlin
Buchbinder: Lüderitz & Bauer, Berlin
ISBN 3-88981-031-4

Foto auf dem Umschlag:
Südportal der Buckower Dorfkirche.
Fotos auf den Seiten 63 und 66 vom Autor.

Ausschnitte aus der Übersichtskarte
von Berlin (West) 1 : 50 000, Ausgabe 1985.
Vervielfältigt mit Erlaubnis des Senators
für Bau- und Wohnungswesen – V –
vom 15. April 1987.

CIP-Kurztitelaufnahme der Deutschen Bibliothek
Hoffmann-Tauschwitz, Matthias:
Wege zu Berliner Kirchen: Vorschläge zur Erkundung kirchl. Stätten im Westteil Berlins / Matthias Hoffmann-Tauschwitz. Fotos von Harry C. Suchland. Hrsg. vom Beauftragten d. Evang. Kirche für d. 750-Jahr-Feier Berlin (West) in Zsarb. mit d. Presse- u. Informationsamt d. Landes Berlin. – Berlin: Wichern-Verlag, 1987.
ISBN 3-88981-031-4

NE: Suchland, Harry C.:

Inhalt

Zum Geleit

Eine Anregung für Nicht-Berliner: Wege zu Kirchen in Berlin – diese Anleitung mag überraschend sein. Wer nach Berlin kommt, mag an die Philharmonie denken, an die Schaubühne (West), das wiedererbaute Schauspielhaus oder das Berliner Ensemble (Ost), an die Deutsche Oper (West) oder die Staatsoper (Ost), an Museen und Ausstellungen, an Kabarett und Filmfestspiele – alles doppelt.

Kirchen in Berlin – die sucht man eigentlich nicht. Schon gar nicht eine Fülle von Dorfkirchen. Aber Nicht-Berliner werden mit Hilfe dieses Führers auf unvermuteten Reichtum stoßen. Wenn sie hingehen und hinsehen, Hoffmann-Tauschwitz leitet zu beidem an.

Eine Anregung für Berliner: Viele gehen auf Reisen gewiß gern einmal in die Kirche – in Rumänien oder Portugal, Sizilien oder Andalusien, Burgund oder Irland, in einem Lande Skandinaviens oder einer Republik der Sowjetunion. Oder auch in Afrika, Asien, in eine Moschee, in einen hinduistischen oder buddhistischen Tempel. Warum also nicht auch zu Hause Kirchen aufsuchen? Warum nicht eine Reise machen nach Reinickendorf oder Tempelhof, nach jenseits der Havel – oder nach „Mitte". Gerade dorthin, wo man vielleicht in Berlin selber noch nicht zu Hause ist. Oder dort anhalten, wo man sonst durch- oder vorbeifährt. Und aufsuchen, wie in den Ferien ein griechisches Kloster: so nun – ein wenig kleiner – Klein-Glienicke, statt einer französischen Kathedrale: St. Annen, statt des Pantheons: St. Hedwig, statt Sagorsk: Nikolskoje.

So lernen wir mit den Kirchen unsere Geschichte kennen. Sie ist es ja, die hier Stein geworden ist, unsere Geschichte als unsere Glaubensgeschichte. Und die Steine sind oft genug umgeschichtet, zerstört, wieder aufgebaut, erweitert und restauriert. In den Steinen der Bauwerke stecken die „lebendigen Steine" eines „lebendigen Hauses" der Kirche als der Gemeinschaft der Menschen, die ihren Glauben in die Geschichte, bis in die Baugeschichte hinein, investierten.

Äußere Wege sind auch innere Wege. Darum werden wir, wenn wir Kirchen aufsuchen, auch die Kirche neu finden. Und vielleicht auch uns selber neu finden. Wege zu unbekannten Kirchen könnten Wege zur unbekannten Kirche werden. Zum unbekannten Gott.

In der Kirche die aufgeschlagene Bibel: In der Kirche werden wir die aufgeschlagene Bibel antreffen, das Evangelium des Sonntags, den Psalm der Woche, in der wir stehen. Ein brennendes Öllämpchen oder eine brennende Kerze werden uns daran erinnern, daß hier das Sakrament der Hingabe Christi an uns, seines Leibes und Lebens, sonntags gefeiert wird und daß das aufgeschlagene Bibel-Buch nicht toter Buchstabe, sondern lebendiges Wort Gottes für uns ist. Mit Weisung für heute. Zuerst waren es Handwerker- und Bürgerfamilien in unserer Stadt, die dem Kurfürsten Joachim I. trotzten, als er die Lektüre der neu übersetzten Lutherbibel verbot: das Recht des Volkes auf die Bibel mußte einmal erkämpft werden. Im vergangenen Jahrhundert haben wir uns das Verständnis der Bibel durch Anpassung an den Staat und eine ihm gefällige Theologie aus der Hand nehmen lassen, so daß die Bekennende Kirche das Recht auf die Bibel als Wort Gottes für unser ganzes Leben von neuem erkämpfen mußte. Wir sollten dies Recht auf die Bibel nicht verschleudern, sondern es wahrnehmen. In unseren Häusern, in Gemeindehäusern und Kirchen.

Kunstwerke in der Kirche: Auch Kunstwerke werden wir in den Kirchen finden. Taufsteine und Kruzifixe, Altäre und Kanzeln, zuweilen nach brandenburgischer Art als Kanzel-Altäre übereinander gestaltet, weil Wort und Sakrament zueinander gehören. Und Bilder von der Geschichte des Volkes Gottes und vom Weg Jesu Christi für uns, von Berliner Bürgern einst gestiftet. Oft sind die Wände auch kahl geblieben. Dann lassen sie Raum für Künstler unserer Tage, Altar- und Wandbilder mit den Erfahrungen unserer Zeit zu gestalten – wenn die Gemeinden sie dazu einladen. So wie es in der Neuköllner Martin-Luther-Gemeinde geschehen ist. Dies würde uns helfen, uns im Hause Gottes als Haus der Gemeinde neu zu Hause zu fühlen. Denn Kunst ist „Sprache der Religion". Und Religion gehört zum Menschen. Beides hat der Theologe Schleiermacher vor bald zweihundert Jahren in dieser Stadt erklärt. Gottvertrauen wird wachsen im Gottesdienst einer Gemeinde von Zeitzeugen wie in der persönlichen Besinnung an solchem Ort.

Kirchhöfe, Friedhöfe: Um die Kirchen lagen in altchristlicher Zeit die Gräber – man bettete sich zu den Heiligen, die man hier gegenwärtig wußte. So treffen wir auch auf Schicksale der Menschen – im Andenken oder Vergessen. Ihre Grabmale – mit recht unterschiedlichem Aufwand und Geschmack hergestellt, noch im Tode Arm und Reich spiegelnd und nicht selten noch gleichsam „ewig" Stand und Titulatur festhaltend – sie geben eine Sozialgeschichte der Stadt. Und auch eine eigene Geschichte der Frömmigkeit.

Die Erkundung der Friedhöfe, die seit dem 18. Jahrhundert am Stadtrand oder vor den städtischen Toren angelegt wurden, lohnt sich: des Dorotheenstädtischen und des Französischen (Mitte), des Jüdischen (in Weißensee) und Böhmischen (in Neukölln), der Friedhöfe am Halleschen Tor, an der Bergmannstraße, in Alt-Schöneberg bis hin nach Stahnsdorf, Kreis Teltow. So manche aufgelassene Anlage um Dorfkirchen, mancher Waldfriedhof kommt dazu, mit berühmten und namenlosen Gräbern. Die Gräber der Kriegsgefallenen, alliierter und deutscher, die Gräber derer, die selber ihr Leben beendeten und früher auf keinem kirchlichen Friedhof aufgenommen wurden – im Grunewald. Der Friedhof der Exil-Russen seit den zwanziger Jahren bei St. Konstantin und St. Helena in Tegel. Die Gedenkstätten der durch Gewalt schon längst vor dem Kriege und dann in der Bemäntelung durch den Krieg von Staats wegen Ermordeten. Die Erinnerungsorte an Märtyrer des Glaubens und der Menschlichkeit.

Wege zu Kirchen – Wege zur Kirche: Kirchen sprechen eine Sprache von weither. Nehmen wir uns die Freiheit, sie aufmerksam wahrzunehmen, sie zu betreten. Es sind ja Gebäude, die eine Botschaft ausdrücken über die Jahrhunderte hin und in die Zukunft hinein – in der schnellebigen und von Katastrophen, an denen wir selber mitwirkten, gebeutelten Stadtgeschichte. Es sind Stätten, an denen Menschen getauft und konfirmiert wurden und werden, Schuld bekannten und Vergebung empfingen, um den Segen für ihre Ehe baten und – auch heute zuweilen – bitten. An denen sonntäglich – entgegen dem alten protestantischen Mißverständnis vom Gebet nur „Im stillen Kämmerlein" – Gott öffentlich angerufen, das Evangelium gepredigt wird. Und wo die Botschaft der christlichen Feste nicht nur vom Hören-sagen vernommen wird, sondern mitgefeiert werden kann.

(Hoffentlich) Offene Kirchentüren: Damit Wege zu Kirchen auch Wege in die Kirche hinein werden können, sollten auch außerhalb der Gottesdienstzeiten Kirchen vermehrt geöffnet werden. Immer mehr sind Gemeinden darum bemüht. Dies ist nicht einfach zu bewerkstelligen. Kunstwerke in den Kirchen sind unbewacht in Gefahr. Dennoch ist es ein Ärgernis, wenn wir immer wieder an eine geschlossene Kirchentür stoßen. Gewiß, „Kirche" findet auch anderswo statt: in Kindertagesstätten, Krankenhäusern, im Unterricht und bei Hausbesuchen. Doch der Ort der Stille im Geschrei, der Ort der Sammlung in der Hektik, der Ort des Gottvertrauens im Wirtschaftskampf und Rüstungswettlauf – er muß jederzeit zugänglich sein, exemplarisch im Kirchengebäude. Hier hilft uns die lange Geschichte des Glaubens. Denn sie spiegelt sich in unseren Kirchen, die Hoffmann-Tauschwitz, der Architekt, in diesem Büchlein beschreibt. Für die Gemeindegeschichten sollte man jeweils noch Gemeindechroniken hinzuziehen. Einige Streiflichter.

Dorfkirchen, Stadtkirchen: Merkwürdigerweise sind beinahe drei Dutzend Dorfkirchen die Besonderheit der Weltstadt Berlin. Die älteste ist noch älter als das Datum des Stadtjubiläums, Marienfelde, um 1220. Hier kann man exemplarisch Dorfkirchen studieren: der behauene (oder belassene) Feldstein, die Grundformen, einen Wehrturm, eine Windfahne, die noch an slawische Vorfahren erinnert. Doch auch Stadtkirchen laden ein, herausragende Beispiele märkischer Backsteingotik: die beiden St. Nikolai-Kirchen in Spandau und Berlin-Mitte, und St. Marien am alten „Neuen Markt", eine Berliner Kirchen-Kunstgeschichte für sich.

Die ersten drei Könige, Friedrich I., Friedrich Wilhelm I. und Friedrich II. prägten das barokke Stadtbild. Die Luisen-Kirche Charlottenburgs, die Sophien-Kirche und die St. Hedwigs-Kathedrale in „Mitte" sind nach Kriegszerstörungen längst wieder hergestellt. Die Rekonstruktion der Französischen Kirche geht dem Ende entgegen, die der Neuen Kirche ist im Gange. Aus dem 19. Jahrhundert sind uns in West-Berlin Schinkels Vorstadtkirchen erhalten. Ebenso die nahe dem historischen Zentrum, von seinen Schülern errichteten Kirchen St. Matthäus, St. Lukas, St. Jacobi. Und die „russische" Kirche St. Peter und Paul, Nikolskoje, Wannsee, eine Mischung aus Schinkels Klassizismus und orthodoxer Kathedralarchitektur.

Diese Kirchen geben Zeugnis von der neuen nachromantischen Frömmigkeit, in der sich der Patriotismus und das religiöse Gefühl für's Unendliche verbanden. Leider ist Friedrich Schleiermachers, des größten Theologen unserer Stadt, Dreifaltigkeitskirche, früher Berlin-Friedrichstadt, nicht mehr vorhanden, nur sein Pfarrhaus an der Glinkastraße. Zum Stadtbild zählen aber auch so schöne Gebäude wie das neo-romanische Stift Bethanien, jetzt in Senatsverwaltung, und die große renaissancehafte Thomas-Kirche am Mariannenplatz. Sie bezeichnet den Übergang zu den gewaltigen Kirchenbauten der wilhelminischen Ära.

„Großkirchen" der Kaiserzeit: Der Berliner Dom, um 1900 anstelle mehrerer Vorgängerbauten in Dimensionen der römischen Peterskirche errichtet, wird noch restauriert. Er ist teilweise zugänglich, noch nicht die Hohenzollerngruft unter der Kuppelkirche. Die vergleichsweise „frühe" neugotische Großkirche Zum Heiligen Kreuz schon aus den 80er Jahren des vorigen Jahrhunderts zeigt bereits Ausrichtung auf Macht und Pracht der christlichen Kaiser des alten römischen Reiches. Ihren Höhepunkt erreichte diese Prachtentfaltung in der Kaiser-Wilhelm-Gedächtnis-Kirche. Ihr Bau wurde wie der der meisten Kirchbauten jener Jahrzehnte durch die Initiative der Kaiserin Auguste Viktoria und des Kirchenbauvereins unterstützt. Als Mahnmal an die zum Kriege führende Selbstüberschätzung ist die Turmruine erhalten, als avantgardistische Gestaltungsbereitschaft einer Kirche unseres Jahrhunderts ist der Neubau errichtet. In der Mitte des Komplexes steht die Turm-Halle mit der hinfällig gewordenen Kaiserpracht. Die Vergebungsbitte am Fuße der Christus-Figur aus der alten Kirche und das zur Wiedereröffnung im Beginn des 750-Gedenk-Jahres der Stadt gestiftete Coventry-Versöhnungskreuz weisen den Weg in die ökumenische Zukunft.

Gemeindehäuser: Gottesstädte waren die mittelalterlichen Kathedralen, Orte der Kaiserherrlichkeit drohten die Kirchenbauten der Staatskirche zu sein. So wurden Gemeindehäuser nötig, wo sich die Menschen selbst betätigen, die Frauen aktiv werden und für Kinder und Erwachsenen Hilfe und Bildung angeboten werden konnten. Dies sind die Stätten der Kirche unserers Jahrhunderts, in denen dann auch, – wenigstens in einigen Gemeinden wie Dahlem – die Kirche Widerstand geleistet hat gegen den Götzen des Dritten Reichs. Und das Pfarrhaus von Niemöller neben der Annen-Kirche, in der man die Verfolgten namentlich in der Fürbitte erwähnte, von Polizeispitzeln umgeben, dient auch heute zum Zeugnis einer neuen Orientierung der Christenheit: Asylgewährung, auf Menschenrechte und weltweite Bruderschaft orientierte Friedensarbeit. Missionswerk, Bildungswerk und über 330 Einrichtungen der Diakonie kommen dazu, ebenso Einrichtungen der Caritas, katholischer Bildungsarbeit und die Stätten der über zwanzig Mitgliedskirchen des Ökumenischen Rats Berlin und der Jüdischen Gemeinde.

Gemeinschaft der Heiligen: Gemeindenamen wie Sühne-Christi, Plötzensee und Regina Martyrum in Charlottenburg, Dietrich Bonhoeffer in Steglitz und Lichtenrade, Martin-Luther-King in der Gropiusstadt, sind Zeichen. Nicht anders als die Fülle biblischer, dogmatischer und kirchengeschichtlicher Kirchennamen. Biblische Namen von Evangelisten und Zeug(inn)en wie Tabea und Magdalene und Orten wie Nazareth und Kapernaum, Namen der Kirchenpatrone des Mittelalters wie Maria und Gertraud, Petrus und Nikolaus, von Reformatoren und von Glaubenszeugen wie Afra und Benedikt, Paul Gerhardt und Zinzendorf – alle bezeugen, daß von der jüngsten bis zur ältesten Geschichte in der Gemeinschaft der Heiligen Kräfte ausgehen, die uns helfen, nicht in der Kurzatmigkeit des Augenblicks steckenzubleiben.

Sie mögen uns helfen, Wege der Christenheit in der Stadt zu finden in ökumenischer Versöhntheit vor Ort, im Gedanken an die weltweite Ökumene, mit der wir uns immer mehr auf einen gemeinsamen Weg, als wirkliche Schwestern und Brüder begeben müssen. Dieser, wie wir erkennen, „konziliare" Prozeß hat noch kaum begonnen. Zu ihm gehört beides: den Glauben bewahren oder neu ergreifen. Und daß wir beherzt einstehen für Nöte der Menschen in unserer Stadt, der Berliner die es schon sind, und derer, die Zuflucht suchen bei unserer einst als „Mutter der Flüchtlinge" gerühmten Stadt. Die in unserem Jahrhundert selber so viele ihrer Bürger vertrieb, die in anderen Städten Zuflucht suchen mußten oder den Tod fanden.

Wege in die Stadt: Wege zu Kirchen sind auch Wege in die Stadt. Wege zu Kirchen sind Wege in die Geschichte und auf diesem Um-Wege in die Zukunft. Wege zu Kirchen sind Wege zu Gott, wie Gott uns zur Kirche ruft, um uns aus den Kirchengebäuden wieder zu entlassen in unsere Häuser, Büros und Fabriken, auf den Markt und unter die Menschen.

Manfred Richter
Kirchlicher Beauftragter für die
750-Jahr-Feier Berlin (West)

Zum Gebrauch des Buches

Auf sieben Wegen durch den Westteil Berlins und auf einem Spaziergang durch den Bezirk Mitte (Ost-Berlin) möchte ich dem Besucher von Kirchen in knapper Form Informationen geben. Die Daten und Fakten, die Beschreibungen der Architektur und der Entstehungsgeschichte einzelner Bauten mußten in diesem kurzgefaßten Begleiter auf einige wesentliche Angaben beschränkt bleiben, ebenso die Einordnung der Gebäude in baukünstlerische Zusammenhänge. Zur genaueren Betrachtung einzelner Kirchen sind weitere Bücher oder gemeindliche Kirchenführer unersetzlich.

Die markantesten Punkte der angebotenen Wege sind jene 33 ältesten Gotteshäuser, die ich in dem Bildband „Alte Kirchen in Berlin“ ausführlicher beschrieben habe und die Harry Suchland dort vorzüglich fotografisch erfaßt hat. Andere Kirchen und kirchliche Einrichtungen liegen „am Wege“ oder sind durch kurze Umwege leicht zu erreichen. Wie diese „am Wege liegenden“ evangelischen Kirchen und Einrichtungen habe ich auch katholische und jüdische Gotteshäuser einbezogen, ebenso Gebäude, die an den religiös motivierten Widerstand gegen die nationalsozialistische Gewaltherrschaft erinnern. Baukunst und Architekturgeschichte stehen bei allen Beschreibungen im Vordergrund.

In dieser Hinsicht hat sich ein zusätzlicher Schwerpunkt ergeben: Allein in West-Berlin gibt es 164 evangelische Gotteshäuser; unter den „am Wege liegenden“ 58 evangelischen und 12 katholischen Kirchen sind viele aus der Gründerzeit, meist in neugotischen Formen gebaut. Ich habe versucht, auch hierzu Ansätze baukünstlerischer Vergleiche zu liefern.

Vier jüdische Gotteshäuser sind beschrieben. 12 im Zweiten Weltkrieg völlig zerstörte und heute nicht mehr existierende Kirchen (mit zumeist vorreformatorischer Vergangenheit), etwa 15 kirchliche und zehn weitere Stätten werden dargestellt. Allen gemeinsam ist eine bewegte Geschichte und eine bemerkenswerte, oft von bekannten Baumeistern gestaltete Architektur.

Die Auswahl dieser Gebäude, die in der Nähe zum Weg zwischen den „alten“ Kirchen liegen sollten, ist zwar durch Umwege, die weitere Bauwerke einschließen, nicht nur zufällig. Dennoch fehlen viele baulich und historisch wichtige kirchliche Gebäude West-Berlins und des Bezirks Mitte. Die sieben Wege sind geeignet, kirchliche Bauwerke exemplarisch, mit bestimmten Schwerpunkten, zu erschließen.

Die Übersichtskarten zeigen den jeweils kürzesten Weg, der zu Fuß, per Fahrrad oder Auto von einem Bauwerk zum anderen führt. Da die kürzeste Route 7 km und die längste 37 km lang sind, können Stadtwanderer einige Teilstrecken auch direkt oder auf einem kleinen Umweg mit öffentlichen Verkehrsmitteln zurücklegen. Auf solche Verbindungen wird im Text hingewiesen. Die Ziffern neben den Kreisen, die das jeweilige Gebäude in der Übersichtskarte markieren, beziehen sich auf die im Text hinter den hervorgehobenen Namen der Bauwerke angegebenen Zahlen. Der Weg durch den Bezirk Mitte führt auch durch Fußgängerbereiche. Er kann an einem Tag zurückgelegt werden.

Alle Karten sind im Maßstab 1 : 50 000 dargestellt und zeigen die „Übersichtskarte von Berlin (West)“, Ausgabe 1985, des Senators für Bau- und Wohnungswesen, der die Reproduktion freundlicherweise gestattet hat. Ein Kilometer in der Natur entspricht zwei Zentimetern auf der Karte.

Matthias Hoffmann-Tauschwitz
Berlin-Nikolassee, im April 1987

Zehlendorf

(etwa 28 km)

Wir beginnen unseren Rundweg durch Zehlendorf im Norden des Bezirks. Das wahrscheinlich Anfang des 13. Jahrhunderts von den Askaniern gegründete Angerdorf Dahlem, heute durch die U-Bahn (Station „Dahlem-Dorf") für die Großstadt erschlossen, ist mit seinem historischen Kern noch gut erkennbar. Es erstreckt sich mit seinem für märkische Dörfer charakteristisch langgestreckten Anger in Ost-West-Richtung im Zuge der Königin-Luise-Straße. An dieser alten Verbindung mit dem ehemaligen Dorf Steglitz liegt auch die Kirche von Dahlem, die St. Annen-Kirche: nicht wie üblich auf dem Anger, sondern an der Kreuzung der Dorfachse mit der alten Verbindungsstraße zwischen den Dörfern Schmargendorf und Zehlendorf, der heutigen Pacelliallee. In mancher Hinsicht ist sie die interessanteste unter den erhaltenen Dorfkirchen Berlins.

Der Kirchhof um die Kirche birgt Gräber bekannter Persönlichkeiten; unter ihnen das der 1877 gestorbenen Käthe Branco, Tochter des Physikers von Helmholtz, deren Grabinschrift von „Wandervögeln" spricht und der in Steglitz gegründeten Bewegung Anlaß zur Namensgebung gab. Außerdem finden sich die Gräber des ehemaligen preußischen Kultusministers Schmidt-Ott und des 1979 gestorbenen Soziologen Rudi Dutschke auf diesem Kirchhof: diese Polarität – konservatives Preußen und Studentenbewegung 1968 – dokumentiert Dahlem als Zentrum geistiger Auseinandersetzung. Wie sehr an dieser geistig-geistlichen Arbeit die Kirchengemeinde beteiligt war und ist, wird deutlich an den beiden Gebäuden der Gemeinde in unmittelbarer Nähe der Kirche.

An der Südseite der Kreuzung Königin-Luise-Straße/Pacelliallee, gegenüber von Kirche und Friedhof, liegt das in den 20er Jahren errichtete **Gemeindehaus Dahlem.** Es diente im Oktober 1934 der zweiten Bekenntnissynode der Bekennenden Kirche als Tagungsort. Von dieser Synode wurde festgestellt, daß durch die Maßnahmen der Reichskirchenregierung „die christliche Grundlage der Deutschen Evangelischen Kirche aufgehoben" sei. Sie rief daher das kirchliche Not-

St. Annen-Kirche

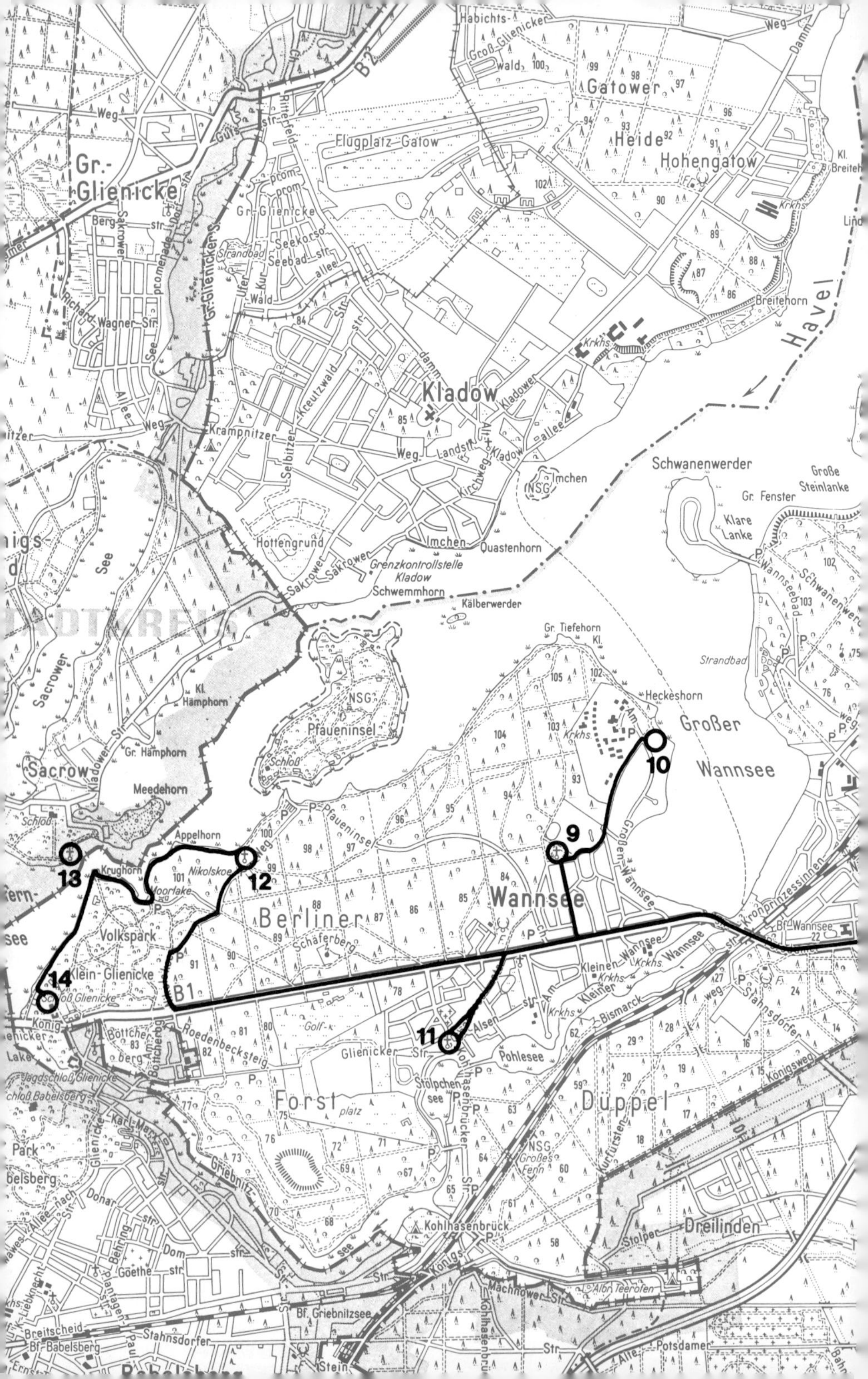

Gr.-Glienicke
Gatower Heide
Hohengatow
Flugplatz Gatow
Kladow
Havel
Schwanenwerder
Imchen
Hottengrund
Quastenhorn
Grenzkontrollstelle Kladow
Schwemmhorn
Kälberwerder
Pfaueninsel
Sacrow
Sacrower See
Kl. Hämphorn
Gr. Hämphorn
Meedehorn
Appelhorn
Krughorn
Nikolskoe
Moorlake
Volkspark Klein-Glienicke
Schloß Glienicke
Berliner Forst
Schäferberg
Wannsee
Großer Wannsee
Heckeshorn
Gr. Tiefehorn
Strandbad
Kleiner Wannsee
Pohlesee
Stölpchensee
Kohlhasenbrück
Düppel
Dreilinden
Albr. Teerofen
Griebnitzsee
Bf. Griebnitzsee
Park Babelsberg
Bf. Babelsberg
Jagdschloß Glienicke
Schloß Babelsberg
Bf. Wannsee
Klare Lanke
Gr. Fenster
Große Steinlanke
B1
B2
9
10
11
12
13
14

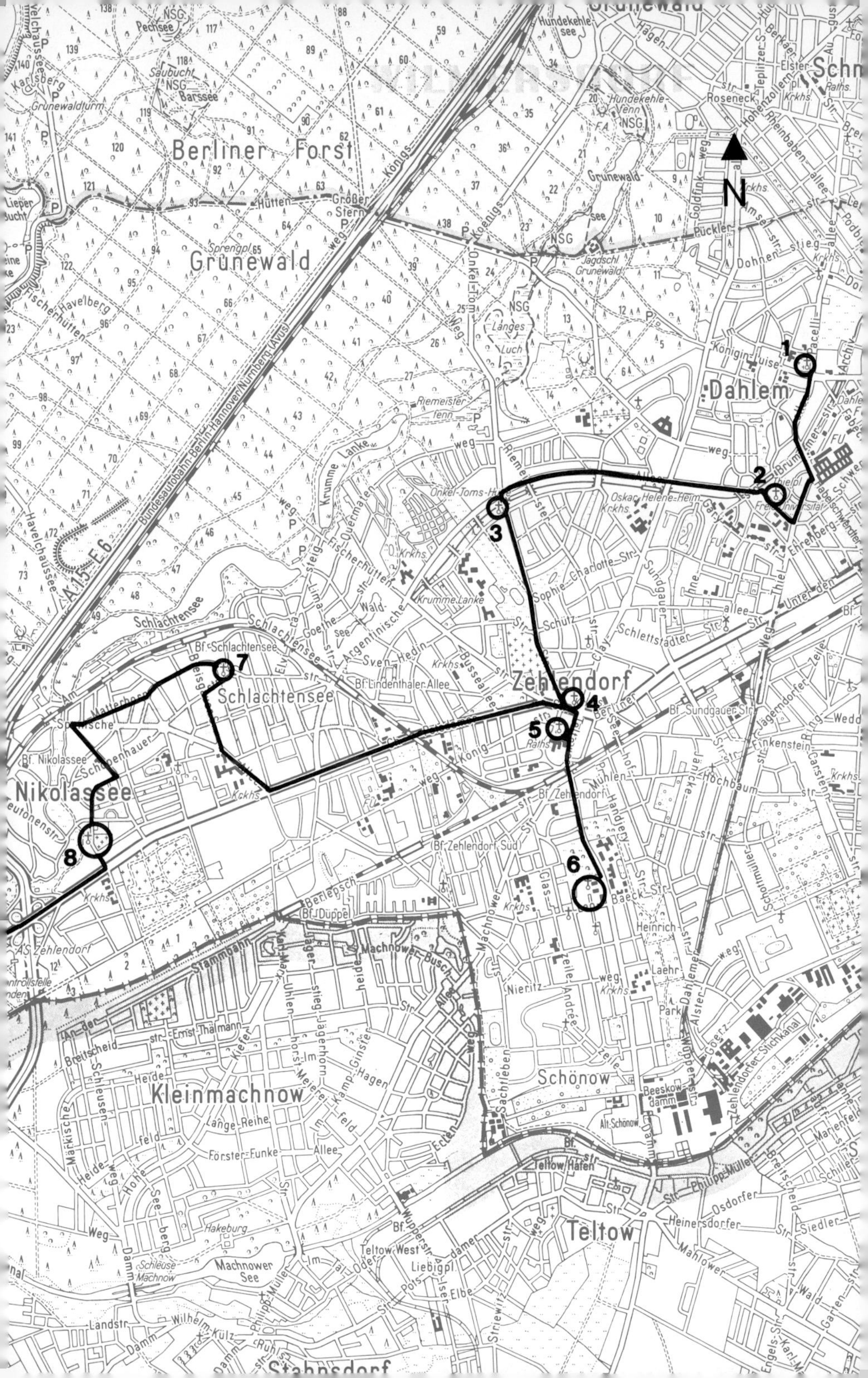

N
Berliner Forst
Grunewald
Dahlem
Zehlendorf
Schlachtensee
Nikolassee
Kleinmachnow
Schönow
Teltow
Stahnsdorf
Krumme Lanke
Schlachtensee
Machnower See
Hundekehlesee
Grunewaldturm
Havelberg
Großer Stern
Jagdschl. Grunewald
Riemeister Fenn
Langes Luch
Onkel-Toms-Hütte
Oskar-Helene-Heim
Freie Universität
Bf. Schlachtensee
Bf. Nikolassee
Bf. Zehlendorf
Bf. Sundgauer Str.
Bf. Lindenthaler Allee
Bf. Düppel
Teltow West
Teltow Hafen
Alt-Schönow
Beeskowdamm
Hakeburg
Schleuse Machnow
Bundesautobahn Berlin-Hannover/Nürnberg (Avus)
A 15 E 6
AS Zehlendorf
Stammbahn
Teltow-Hafen
Königin-Luise-Str.
Clayallee
Potsdamer Str.
Argentinische Allee
Fischerhüttenstr.
Teltower Damm
Machnower Str.
Ernst-Thälmann-Str.
Förster-Funke-Allee
Lange Reihe
Zehlendorfer Stichkanal
1
2
3
4
5
6
7
8

St. Annen-Kirche

recht aus und schuf neue Leitungsorgane für die Bekennende Kirche. In der Dorfkirche hielten der damalige Gemeindepfarrer Martin Niemöller (1892–1985) und nach dessen Verhaftung Helmut Gollwitzer und andere Männer des Kirchenkampfes Predigten und – was verboten war – namentliche Fürbitten, deren Inhalte Signalwirkung für die Bekenntnisbewegung hatten. Das **Pfarrhaus** an der Pacelliallee 61 ruft zahlreiche Erinnerungen an die geistigen Auseinandersetzungen der damaligen Zeit wach. Wie das später entstandene Gemeindehaus wurde es 1910 in Anlehnung an die norddeutsche Backsteinarchitektur der ersten 20 Jahre unseres Jahrhunderts erbaut. Bis in die 30er Jahre hinein war es ausschließlich repräsentatives Pfarrhaus in unmittelbarer Nachbarschaft von Kirche und Friedhof. Mit Martin Niemöller und dem 1933 hier von ihm gegründeten Pfarrernotbund wurde es dann zu einem bedeutenden Zentrum der Bekennenden Kirche. Niemöllers Familie lebte hier auch nach seiner Verhaftung 1937. Seit wenigen Jahren dient dieses – nunmehr **„Martin-Niemöller-Haus“** genannte – Gebäude Zwecken, die ganz auf der Linie dessen liegen, wofür Niemöller kämpfte. Das hier beheimatete „Friedenszentrum“ vereinigt die Arbeit und Betreuung verschiedenartiger Friedensinitiativen nicht nur kirchlichen Ursprungs. Es besitzt eine Bibliothek und dient als Veranstaltungsort für Tagungen und Seminare über Friedensfragen. Künftig wird es auch Material hierzu aus dem Nachlaß Martin Niemöllers beherbergen. Obwohl die Kirchengemeinde Dahlem nicht Träger dieser Einrichtung, sondern ‚nur‘ Hauseigentümer ist, bleibt der christlich orientierte Tenor dieser Arbeit in der Nachfolge Niemöllers deutlich.

St. Annen-Kirche (1)

Die Dahlemer Dorfkirche, ein vielgestaltiges Bauwerk, läßt sich verschiedenen Zeitaltern zuordnen. Die möglicherweise als Ordens- oder Verweilkirche nicht im Zentrum, sondern am Rande des Ortes errichtete erste Anlage ist deutlich in einem Bauabschnitt des westlichen Langhauses erkennbar. Die unteren Mauerwerksteile bestehen hier aus exakt behauenen Feldsteinquadern; sorgfältige Arbeit von Steinmetzen des 13. Jahrhunderts. Auch am Sockel des vieleckigen Chores ist die gleiche Mauerwerksqualität zu finden. Wahrscheinlich wurden bei diesem letzten Bauabschnitt der Kirche Teile der ersten Anlage mit einbezogen. Vermutlich erhielt das Stift Coswig zwischen 1215 und 1225 das Patronat über die Kirchen in Schmargendorf und Dahlem. Den ersten Bau der Dahlemer Kirche dürfen wir deshalb in das frühe 13. Jahrhundert weisen. Im 14. Jahrhundert erhöhte man das Kirchenschiff, das damals noch rechtwinkelig abschloß. Aus dieser Zeit ist vor allem die vermauerte Südpforte erhalten. Die großen Fenster über ihr stammen allerdings, obwohl gotische Spitzbögen aufweisend, erst aus der Zeit nach dem Dreißigjährigen Kriege. Dritter Bauabschnitt der bestehenden Kirche war dann der Polygonalchor im Osten aus dem 15. Jahrhundert.

Der Turm ist in seiner vorhandenen Form Ergebnis einer einfachen Neugestaltung nach dem Zweiten Weltkrieg. Ein früherer Turmbau trug von 1832 bis 1849 Installationen der „Flügeltelegrafen"-Linie Berlin-Koblenz, wurde aber nicht dafür erbaut. Indiz für das frühere Vorhandensein eines Turmes ist unter anderem eine Windfahne aus dem Jahre 1781, deren Kopie sich heute auf dem Dachfirst über dem Chor befindet.

Die einschiffige Kirche ist an der Nordseite mit einem Anbau versehen, der zusammen mit dem Chor etwa Ende des 15. Jahrhunderts entstanden sein dürfte. 1906, im Jahr der letzten umfassenden Restaurierung und Teilerneuerung der Kirche, bekam diese alte Gruftkapelle der Patronatsfamilien ein neugotisches Portal. Seitdem dient sie als Sakristei.

Das Innere der Kirche gibt durch eine große Zahl von Inventarien und seine stilistisch vielfältige Raumgestaltung Zeugnis von der bewegten Geschichte des Bauwerks. Weil hier stets nur angebaut, ergänzt und teilerneuert wurde, ermöglicht uns dieser Innenraum geradezu eine „Wanderung durch die Jahrhunderte".

Deutlich erkennbar ist auch hier der älteste Teil. Er erhielt nach dem Dreißigjährigen Krieg das noch vorhandene, schlicht-weiße Kreuzrippengewölbe. Die ursprünglichen Fenster – auf der Nordseite sind sie erhalten – fügten sich in die Freskenmalerei ein, von der wir ringsum verblaßte Fragmente erkennen. Sie befinden sich unter den Vorlagen der frühbarocken Deckenwölbungen. 1893 durch Zufall entdeckt und 1905/06 unsachgemäß restauriert, stellen diese Fresken Szenen aus dem Leben der Heiligen Anna dar, der die Kirche geweiht ist. Höhepunkt ist eine Darstellung der „Heiligen Anna Selbdritt", das heißt: man erblickt die Namenspatronin der Kirche zusammen mit ihrer Tochter Maria und ihrem Enkelkinde, dem Jesusknaben. Das Besondere ist, daß Maria und Jesus gleichalt – nämlich als Säuglinge – dargestellt sind. Diese Fresken haben im gesamten Berliner Raum kein Gegenstück.

Die Empore von 1679 trägt heute eine Orgel, deren Prospekt 1937 in Renaissanceformen entstand. Die beiden großen Fenster der Südseite sind mit Bleigläsern nach Entwürfen von Ludwig Peter Kowalski, rechts, neben der Empore, und von Hermann Kirchberger, links, geschmückt. Sie zeigen Szenen des Alten und des Neuen Testamentes und die Evangelistensymbole. Die Leuchterkronen, das Gestühl und der Taufständer wurden 1905/06 in formaler Anlehnung an die Renaissancekanzel geschaffen, die sich an der Nordseite in Höhe des Ansatzes der östlichen Erweiterung des Kirchenraumes befindet. Diese Kanzel bot während des Kirchenkampfes durch die Inschrift auf der Treppentür denen, die dort predigten, besondere Stärkung. Wir lesen hier die Worte des Alten Testamentes: „Mache dich auf und predige ihnen/alles was ich dich heiße/Fürchte dich nicht für ihnen: /Denn ich bin bey dir. Jeremia 1/17".

Unter dem herrlichen sternförmigen Rippengewölbe des Chorraumes, dessen Südfenster noch seine originale Butzenscheibenverglasung trägt, hängt an der Nordwand ein Schnitzaltar der Heiligen Anna. Diese ist zwischen Aposteln und anderen Heiligen als größere Zentralfigur dargestellt und trägt abermals die Kinder Maria und Jesus auf dem Arm. Zusammen mit einem Bildnis des Auferstandenen befand sich diese sächsische Arbeit des frühen 16. Jahrhunderts vor dem Zweiten Weltkriege über dem Altartisch. Heute schmückt diesen ein Epitaph aus der Berliner Franziskaner-Klosterkirche mit einer Kreuzigungsdarstellung. Es dürfte um 1500 entstanden sein.

Dahlem erhielt 1930/31 in der Hittorfstraße 23 eine zweite Kirche. Die zusammen mit einem Pfarrhaus gebaute **Jesus-Christus-Kirche (2)** plante Jürgen Bachmann. Sie ist heute auch ‚Universitätskirche'. Bemerkenswert an ihr ist, außer der zeittypisch geschlossenen Architektur, eine ausdrucksstarke Christusplastik des Bildhauers Isenbeck über der Eingangsarkade. Das Innere des schlichten Bauwerks wird durch Glasfenster von Götz Löpelmann akzentuiert.

Dorfkirche Zehlendorf

Nachdem wir uns hier bereits eine U-Bahnstation weiter von „Dahlem-Dorf“ in Richtung Krumme Lanke befinden, nämlich unmittelbar am Thielplatz, ist unsere nächste Station gleich beim übernächsten U-Bahnhof, bei „Onkel-Toms-Hütte“. Die **Ernst-Moritz-Arndt-Kirche (3)** an der Onkel-Tom-Straße wurde 1934/35 nach Plänen von Diez Brandi errichtet. Obwohl man sie in den sechziger Jahren im Innern veränderte, kann sie als gutes Beispiel des Versuchs einiger Architekten der dreißiger Jahre gelten, durch behutsame Anleihen bei einem schlichten Barock dem allgemein übermächtigen Neoklassizismus entgegenzuwirken. In den Proportionen des Turms dieser Kirche sind auch Anklänge an die Revolutionsarchitektur aus der Zeit um 1800 zu finden. Einzigartig die Windfahne auf der Turmspitze: Sie besteht aus einem windzugewandten Kreuz und einem windabgewandten preußischen Adler.

Dorfkirche Zehlendorf (4)

Nachdem wir der Onkel-Tom-Straße bis zum Dorfkern von Zehlendorf gefolgt sind, finden wir an der Kreuzung der Potsdamer Straße mit der Clayallee die Dorfkirche. Carl Gotthard Langhans, der 1788–1791 das Brandenburger Tor schuf, baute 1790 auch die Potsdamer Straße zur Chaussee aus. Übergeordnete Bedeutung erhielt sie im 18. Jahrhundert als Hauptverbindung Berlins mit Potsdam. Später bildete sie dann das Kernstück der „Reichsstraße 1“, die Königsberg mit Aachen verband. Heute endet diese Magistrale am Potsdamer Platz. Dort, wo um 1800 noch Berlins erste Zollmauer stand, ist sie heute wieder durch eine Mauer abgeriegelt.

Die andere der beiden Straßen, die sich in Zehlendorf kreuzen, verband die Dörfer Schmargendorf und Schönow sowie Teltow mit Zehlendorf. An diesem Brennpunkt, neben dem Großstadtverkehr, steht diese Kirche. Auf dem Kirchhof wachsen noch heute Maulbeerbäume aus dem 18. Jahrhundert. Viele Kirchhöfe wurden unter Friedrich II. mit diesen Bäumen bepflanzt. Man wollte seinerzeit Seidenraupen züchten. Anderswo in Berlin sind es allenfalls noch vereinzelte Maulbeerbäume.

Die heutige Kirche hatte einen mittelalterlichen Vorgängerbau. Wahrscheinlich stammte er aus dem 13. Jahrhundert. Allerdings riß man diesen alten Bau 1767 ab. Sicherlich war er im Siebenjährigen Krieg (1756–1763) beschädigt worden. 1768 wurde dann die erhaltene achteckige Kirche errichtet. Ihre Dimensionen entsprechen den Normen damaliger preußischer Amtskirchen, obwohl sie durch ihren Grundriß von ihnen abweicht. Ursprünglich besaß sie einen Zentralturm über ihrem Zeltdach, der nach wenigen Jahren abgebrochen werden mußte. Nach dem Bau der Paulus-Kirche (1903/05) diente dieses schlichte Gotteshaus nicht mehr dem Gottesdienst und verfiel zunehmend. Erst seit dem Ende des Zweiten Weltkriegs verputzte man das Äußere in der erhaltenen Weise und richtete auch den Innenraum des Bauwerks annähernd nach historischem Muster ein.

Der Kirchsaal ist zu sieben Achteln von Emporen umgeben, die sich auf Wandkonsolen und acht Holzpfeiler stützen. Das achte Feld nimmt ein einfacher Altartisch ein. Ihn zieren die Seitenflügel eines um 1480 entstandenen Altars aus der Berliner Franziskaner-Klosterkirche. Dieser Flügelaltar war dem Heiligen Gregor geweiht, dessen Christusvision und Messe auf den Außenseiten der Flügel dargestellt sind. Die Innenseiten der Altarflügel zeigen die Muttergottes und Christus als Weltenherrscher (Pantokrator). Ringsum an den Wänden unter der Empore sind elf Tafelbilder aus dem frühen 17. Jahrhundert zu sehen, die zusammen mit weiteren 25 einst Emporen-Brüstungsfelder der Heilig-Geist-Kapelle (heute Ost-Berlin) füllten. Weitere Tafeln gleicher Herkunft befinden sich in den Dorfkirchen von Tempelhof und Mariendorf.

Wie erwähnt, erhielt die Zehlendorfer Kirchengemeinde 1903/05 an der Kirchstraße die größere **Paulus-Kirche (5).** Die Dorfkirche war zu klein geworden. Die von Hubert Stier entworfene Kirche wurde in plastischen neugotischen Formen errichtet. Die Chorfenster wurden in den fünfziger Jahren von Paul Ohnsorge entworfen. In der Nachbarschaft beider Kirchen befindet sich seit 1930 das Gemeindehaus am Teltower Damm.
Einen knappen Kilometer südlich steht seit 1965 die **Kirchliche Hochschule (6)** Berlin am Teltower Damm. Mit ihrem Bau begann man 1956. Sie wurde von Wilhelm und Peter Lehrecke und Karl Streckebach geplant und bietet Studenten der evangelischen Theologie vor allem die Ausbildung zum Pfarramt. Die Gründung einer Kirchlichen Hochschule in Berlin nach 1945 geht auf den Ansatz kirchenautonomer Theologenausbildung von 1935 zurück, als Maulkorberlässe das Studium an Universitäten unmöglich machten. Die Berliner Hochschule setzt die Tradition der damals gegründeten „Untergrund-Hochschulen“ von Barmen und Berlin fort. Der kleine Rahmen der Hochschule gestattete, daß man die Gebäude in lockerer und freundlicher Pavillonbauweise zumeist mit nur zwei Geschossen errichtete. Die nahegelegene Kirche der Gemeinde Zur Heimat dient auch der Hochschule als Gottesdienstraum.
Über die alte Verbindung Berlin-Potsdam oder per S-Bahn kommen wir nach Schlachtensee, dessen **Johannes-Kirche (7)** am Waldemarplatz (Matterhornstraße 37/39) nur etwa 400 Meter vom Bahnhof steht. Die Gartenvorstadt Schlachtensee, die nur wenig jünger ist als die ab 1901 entstandene Villenkolonie Nikolassee, besitzt als einzige Infrastruktur – außer dem Bahnhof und einer bescheidenen Einkaufszone – eine katholische und eine evangelische Kirche sowie einige Schulen.
Die Johannes-Kirche – in der einige Jahre Pfarrer Heinrich Albertz predigte – wurde 1911/12 nach Plänen von Georg Büttner aus Steglitz erbaut. Ihre stilistische Anlehnung an die Romanik ist unverkennbar. Besonders die Baldachine der Eingangsseite und die dazwischenliegenden Fenster sind Stilzitate. Der Bau ist jedoch insgesamt als Versuch zu werten, Altes (historisierende Akzente) so mit Neuem (Jugendstilelemente) zu verbinden, daß man einer konservativen Gemeinde die Hinwendung zu einem neuen Stil bot, ohne sie durch revolutionäre Neuerungen abzustoßen. Im Turm der Kirche hängt die älteste Glocke West-Berlins; sie stammt aus dem 13. Jahrhundert und befand sich ursprünglich im Turm der Zehlendorfer Dorfkirche.
Wir folgen der Matterhornstraße bis zur Spanischen Allee und biegen in die Von-Luck-Straße ein; über die Beskidenstraße gelangen wir zum Kirchweg unmittelbar an der Rehwiese. Hier, abseits der Nikolasseer ‚Keimzelle‘ Bahnhofsvorplatz (Hohenzollernplatz), steht die 1909/10 nach Entwürfen von Erich Blunck und Johannes Bartschat errichtete **Kirche Nikolassee (8).** Sie ist in größerem räumlichen Zusammenhang einziges gelungenes Kirchbaubeispiel in der Frühphase einer neuen Architektur. Einfache Hauptformen und kleine, jugendstilhafte Details neben dekorativen Zitaten aus Barock und Klassizismus ordnen sich neuen, unkonventionellen Formen und Achsverschiebungen unter. Sie stellen eine Entwicklung dar, an deren Anfang das noch historistisch geratene Schloß Cäcilienhof bei Potsdam stand. Das Innere dieser Kirche ist mit einer hölzernen Stichbogentonne überwölbt. Diese Decke, die Emporen, der Altarraum und die schlichte Fassung des Kirchsaales selbst konnten 1983/84 nach schwierigen Untersuchungen in ihrer Originalform und -farbgebung rekonstruiert werden. Dadurch ist diese Kirche die einzige ihrer Art in ganz Berlin, die in allen Außen- und Innendetails in ursprünglicher Weise erhalten ist.
Auf dem Kirchhof gegenüber der Kirche ist Jochen Klepper beerdigt. Der Schriftsteller, dessen Lied „Die Nacht ist vorgedrungen“ unter Nr. 14 im Evangelischen Kirchengesangbuch zu den schönsten Adventsliedern zählt – es entstand 1938 und wurde ein Jahr später von Johannes Petzoldt gesetzt – nahm sich am 11. Dezember 1942 mit seiner jüdischen Frau und seiner Tochter das Leben.
Außerdem finden wir hier unter anderem die Gräber des ehemaligen stellvertretenden Oberbürgermeisters von Berlin, Ferdinand Friedensburg († 1972), des Architekten Hermann Muthesius († 1927), der den Stil, in dem die Kirche erbaut ist, in Deutschland weiterentwickelte und nicht zuletzt in Nikolassee durch zahlreiche Bauten verwirklichte. Besonders hingewiesen sei auf das Grab Theodor Rudolf Wenzels († 1954), des Begründers

des Wichernwerkes (das heute seinen Namen trägt), für das er auf dem zu Nikolassee gehörenden Schwanenwerder eine Villa ausbaute. Sie beherbergt heute das Pastoralkolleg der Evangelischen Kirche in Berlin-Brandenburg (Berlin West).
Wenige Meter südwärts mündet der Kirchweg in die Potsdamer Chaussee. Dieser folgen wir nun in Richtung Wannsee. Nach der Überquerung der Autobahn und der Brücke zwischen dem Großen und dem Kleinen Wannsee biegen wir rechts in die Hugo-Vogel-Straße ein, die nach 500 Metern auf die **Andreas-Kirche (9)** der Kirchengemeinde Wannsee zuführt. Die erste Berliner Villenkolonie, gegründet durch Wilhelm Conrad, entstand bereits in der letzten Dekade des vorigen Jahrhunderts. Diese Kolonie lag außerhalb des alten Dorfes Stolpe. Eine neue Kirche sollte schon vor 1890 durch Johannes Otzen erbaut werden, auf den auch mehrere andere Berliner Kirchen zurückgehen. Otzen schuf indessen nur eine mehrjochige Vorhalle. Den Kirchenbau vollendete 1895/96 sein Schüler Otto Stahn, der die geplante Ost-West-Orientierung änderte und das Gebäude von Süden her erschloß. Die Vorhalle dient seither dem Kirchhof. Während Otzen die für ihn typische, dekorative Neugotik mit großen Profiltiefen und üppiger Formsteingestaltung anwandte, fand Stahn bereits zu zwar noch historisierenden, aber schlichteren, eher kubischen Formen der Backstein-Neugotik. Bemerkenswert ist die zimmermannsgerecht durchgestaltete, sparsam verzierte Holzdekke der nicht eingewölbten Kirche, die bis 1965 „Neue Kirche“ hieß.
Weitere 500 Meter, am Ende der Straße Zum Heckeshorn, an der Ecke mit der Straße Am Großen Wannsee, befindet sich auf dem dortigen Grundstück Nr. 56/58 eine neubarocke Villa aus den ersten Jahren unseres Jahrhunderts, die rund 40 Jahre später als Inbegriff der Unmenschlichkeit in die Geschichte eingehen sollte: Hier fand am 20. Januar 1942 die **Wannsee-Konferenz (10)** der Nationalsozialisten und ihrer ‚ausführenden Organe‘, Gestapo und SS, statt, deren Beschlüsse Millionen Juden den Tod brachten. Heute dient die Anlage als Jugenderholungsstätte des Bezirkes Neukölln, doch soll eine würdige Gedenk- und Mahnstätte zu Ehren der Opfer des NS-Terrors geschaffen werden.
Auf der anderen, südlichen Seite der Königstraße – so heißt die Verlängerung der Potsdamer Straße in Wannsee – liegt am Ende der Chausseestraße, rund um den Wilhelmplatz,

Dorfkirche Stolpe

das alte Dorf Stolpe. Der Name dieser Urzelle des Berliner Ortsteils Wannsee ist aus dem Berliner Stadtplan verschwunden; gerade dieses Dorf aber zählt zu den wenigen beschaulichen Plätzen in Berlin, die ihren ländlichen Charakter bewahrten.

Dorfkirche Stolpe (Kirche am Stölpchensee) (11)

Anstelle der heutigen Kirche stand bis 1857 eine 1541 erstmals erwähnte, mittelalterliche Fachwerkkirche. Sie mußte 1854 wegen Einsturzgefahr geschlossen werden. Zwar war das Dorf Stolpe von geringer Bedeutung, doch ringsum lag Landbesitz des Königshauses. Möglicherweise war dies der Grund, daß König Friedrich Wilhelm IV. (1795–1861) auf die Eingaben des zuständigen Superintendenten hin den Schinkel-Schüler Friedrich August Stüler (1800–1865) mit der Planung der neuen Kirche beauftragte.
Der bis 1859 entstandene Bau, an dessen Entwurf Friedrich Wilhelm IV. sogar selbst mitwirkte – er tat dies bei vielen Kirchbauprojekten seiner Zeit – ist als Ersatzbau für eine der bescheidensten Dorfkirchen im Berliner Raum eine Besonderheit; auch durch die

Wahl der Dimensionen und des Baustils ist diese Kirche bemerkenswert. Die landschaftsbezogene Architektur des englisch anmutenden Bauwerks, das andererseits aber noch dem Rundbogenstil italienischer Herkunft verbunden ist, dazu die zaghaft angebrachten gotischen Elemente – vor allem die Fialen auf dem mächtigen Vierungsturm – waren für die damalige Zeit neu.
Auch im Innern ist dieses, heute „Kirche am Stölpchensee" genannte Gotteshaus noch nahezu original erhalten. Die große Orgel über dem Eingang an der Westseite ist eine königliche Stiftung; die ebenfalls durch Friedrich Wilhelm IV. angeregte Rosette dahinter ist der Orgel wegen von innen unsichtbar. Noch aus der alten Dorfkirche stammt das prachtvolle Grabmal für die Familie des Hofgärtners Joachim Ludwig Heidert, das an der Nordwand des Langhauses steht. Es wurde 1777 erstellt und zeigt den einzigen bärtigen „Engel" Berlins: Die geflügelte Gestalt des Chronos, Symbolfigur für das Lebensalter, flankiert das Denkmal an der linken Seite. Die weibliche Figur rechts stellt die Trauer dar. Die erhaltene Kanzel trägt Kopien von Werken Peter Vischers (1487–1528) aus der St. Sebaldus-Kirche zu Nürnberg; es handelt sich um Darstellungen der vier Evangelisten und der Apostel Petrus und Paulus. Die Triumphkreuzgruppe hinter dem Altar stammt aus der Berliner Franziskaner-Klosterkirche. Sie ist spätgotisch und wurde 1584 restauriert. Altargeräte aus Zinn stammen noch aus der ehemaligen Dorfkirche.

Kirche St. Peter und Paul

Kirche St. Peter und Paul, Nikolskoje (12)

Der historische Kirchweg zwischen Stolpe und Nikolskoje, nördlich den Schäferberg umrundend, ist etwa 1500 Meter lang. Er beginnt gegenüber der Friedensstraße, die vom Wilhelmplatz bei der Kirche in Stolpe ausgeht und an der Königstraße endet. Für den Kraftfahrer steht der Nikolskoer Weg offen, während der Bus die Pfaueninselchaussee entlangfährt.
Die Kirche über der Havel entstand nach einem Besuch, den Zarin Feodorowna, Gemahlin Nikolaus I. von Rußland (1796–1855), ihrem Vater, König Friedrich Wilhelm III. um 1830 abgestattet hatte. Als man sich auf der Pfaueninsel traf, bedauerte die Zarin, daß vom gegenüberliegenden hohen Havelufer kein Glockengeläut zu hören sei. Daraufhin beauftragte der König die Architekten Friedrich August Stüler (1800–1865), Albert Dietrich Schadow (1797–1869) und Karl Friedrich Schinkel (1781–1841), diese Kirche zu bauen, die 1837 eingeweiht wurde. Ihre „russisch" gemeinten Charakteristika erhielt sie durch Schinkel. Obwohl ein ungewöhnlicher Aufwand hierfür betrieben wurde – der König galt als äußerst sparsam –, hielt man sich andererseits zurück: Die zur Vergoldung vorgesehene Kuppel des Turmes wurde lediglich grün gestrichen und bekam einen Palmettenfries aus Zinkguß mit sparsamen Ornamentvergoldungen. Der Baukörper der Kirche erinnert stark an die Schinkelschen Entwürfe für die Vorstadtkirchen im Norden Berlins. Insbesondere der rechteckige Saalbau mit dem antikisch flach geneigten Dach und der Halbkreisapsis entspricht diesen Kirchen ganz und gar. Der überraschend vollständig erhaltene Innenraum weicht allerdings durch seinen verstärkt dekorativen Charakter von der sparsamen, oft auf geometrische Ausmalung beschränkten Raumgestaltung der Schinkel-Kirchen ab; in Stimmung und Grundhaltung können wir hier dennoch einmalig nachempfinden, wie die Räume jener Kirchen vor ihrer Zerstörung durch Krieg oder Purifizierung gewirkt haben.
Wesentlicher Bestandteil der „russisch" ge-

meinten Innengestaltung sind die vier Evangelisten-Medaillons in den Zwickeln über der Altarapsis und dem Orgelboden. Den Evangelisten kommt in der russischen Ikonografie der Rang der unmittelbaren Verkünder der Heilsbotschaft zu; sie werden an Kathedralen durch vier kleine Türme symbolisiert, die den großen Mittelturm – das Sinnbild Christi – umgeben. Die Namenspatrone – Petrus und Paulus – sind nach russischer Weise als Gründer der christlichen Kirche einander gleichgestellt. Zusammen mit Christus erblicken wir sie auf Medaillons am Kanzelkorb, der sich in Höhe der Empore befindet. Auf der gegenüberliegenden Empore lag die Hofloge. Auch in dieser Kirche finden wir Kopien von Figuren Peter Vischers (1487–1528) aus St. Sebaldus zu Nürnberg. Es handelt sich um die Figuren der Kirchenpatrone Peter und Paul in den Nischen beiderseits des hölzernen Altares. Die neben dem Altar aufgestellte Glocke der Kaiser-Wilhelm-Gedächtnis-Kirche diente nach dem Zweiten Weltkrieg zunächst als Ersatzglocke für das abgelieferte Geläut. Besondere Beachtung verdient die Orgel: Nicht nur ihr Gehäuse ist in seinem ursprünglichen Zustande erhalten, sondern seit 1985 hat sie auch wieder ihre ursprüngliche Disposition, so daß sie nicht nur raumgestalterisch, sondern auch musikalisch den Geist der gemeinsamen Entstehungszeit von Kirche und Instrument wiedergibt.
Ebenfalls seit 1985 erklingt ein Glockenspiel aus den Arkaden des Turmriegels. Es erinnert durch die stündlich gespielten Choräle und geistlichen Volkslieder an das zerstörte Glockenspiel der Potsdamer Garnison-Kirche und der Berliner Parochial-Kirche und mahnt zur Wachsamkeit für den Frieden und gegen den alle Kultur zerstörenden Krieg.

Der Uferweg unterhalb der Kirche führt in Richtung Westen nach etwa 1800 Metern – um die Moorlake herum mit dem gleichnamigen Gasthaus – nach Krughorn. Von hier verkehrte bis zur Abriegelung West-Berlins vom Umland eine Fähre zum naheliegenden Potsdam-Sakrow. 200 Meter westlich der gegenüberliegenden, unzugänglichen Anlegestelle steht die **Heilands-Kirche Am Port (13),** die auf Veranlassung des Königs durch Ludwig Persius 1841/44 zusammen mit dem Fähr-und Wirtshaus „Dr. Faust“ errichtet wurde. Während die ebenfalls von Persius entworfene Friedens-Kirche in Potsdam-Sanssouci – wie die Heilandskirche in frühchristlichem Rundbogenstil – eine in allen Teilen durchgeführte Basilika ist, handelt es sich bei dieser Kirche „Am Port“ (am und im Wasser also) um eine ‚Schein-Basilika‘. Das einzige Schiff ist mit flachgeneigt gedeckten Arkaden umgeben, die nach außen wie Seitenschiffe wirken. Die Kirche konnte nach langjährigem Verfall – sie ist durch die Grenzziehung weder von Berlin noch von Potsdam aus zugänglich – durch eine Initiative des Berliner „Tagesspiegel“ sowie des Senats und unter der Leitung des Kirchlichen Bauamtes in Ost-Berlin zumindest im Äußeren gesichert werden. Wesentliche Teile der Innenausstattung wurden, soweit sie erhalten waren, ausgelagert und fanden in anderen Kirchen Verwendung. Wie als Zeichen der grenzüberwindenden Versöhnung durch Christus wurde auch das weithin sichtbare Steinkreuz auf der Bastion vor der Kirche wieder aufgestellt.
Wir schließen unseren Weg durch Zehlendorf ab mit einem Gang durch den **Schloßbezirk von Klein-Glienicke,** den wir als Teil des gleichnamigen Volksparks am Krughorn durch das Jägertor betreten. Vorbei am Jagdhof – wie das Tor in englischer Neugotik errichtet –, vorbei am Matrosenhaus und an der Gärtnerei mit dem Wasserturm, durchqueren wir den Park bis zum engeren Schloßbezirk. All diese Bauten sowie die übrigen Anlagen im Schloßpark entstanden in den vierziger Jahren des 19. Jahrhunderts nach Entwürfen von Persius. Das Schloß selbst und das Kavalierhaus an der Havel hingegen sind im Kern alte Bauten, die Schinkel umgestaltete. Zwischen Schloß und Kavalierhaus steht der durch Ferdinand Heinrich Ludwig von Arnim (1814–1866) errichtete **Klosterhof (14)** von 1850. Diese Atriumanlage wurde absichtlich in Anlehnung an frühchristliche Bauten Oberitaliens geschaffen, um den zahlreichen frühmittelalterlichen Kunstschätzen, die der Schloßherr, Prinz Karl von Preußen, gesammelt hatte, einen angemessenen Rahmen zu geben. Anders als die Nachschöpfungen dieser Architektur, die Kirchen des Rundbogenstils, erfüllte diese Anlage keinen aktuellen Zweck. Dennoch besitzt sie die Anmut und klösterliche Würde, ja die andachtsvolle Stimmung der alten frühchristlichen Kreuzgänge und Atrien.

Neukölln Tempelhof

(etwa 33 km)

Dorfkirche Rixdorf

Dorfkirche Rixdorf (Neukölln) (1)

Der Weg zu den alten Dorfkirchen in Neukölln und Tempelhof beginnt im alten Kern Neuköllns, im historischen Rixdorf. Noch immer erblickt man an der weiten, langgestreckten Dorfaue, dem heutigen Richardplatz (unweit vom U-Bahnhof Karl-Marx-Straße), Bauten aus dörflicher Vergangenheit. Ringsum erheben sich jedoch fast nur noch Mietshäuser aus der Zeit nach 1871. Ursprünglich Besitz der Tempelritter, wurde Rixdorf von den Johannitern 1360 von einem Ordenshof in ein Dorf umgewandelt. 1435 gelangte der Ort durch Verkauf an Berlin-Kölln. Von einigen Fundamentresten und dem Grundriß abgesehen, ist von der ursprünglichen Dorfkirche wohl kaum etwas erhalten. 1639 brannte sie nieder, und die Notzeit nach dem Dreißigjährigen Krieg (1618–1648) gestattete nur einen Wiederaufbau in bescheidenem Rahmen. Um einiges erhöht sowie mit größeren Fenstern und einem Turm versehen, der bereits annähernd die heutige Form hatte, diente auch das „neue" Gotteshaus noch immer als Kirche der Rixdorfer Ortsgemeinde. Doch infolge der rapiden Verstädterung des Dorfes erwies sich das Kirchlein 1884 als zu klein. Man errichtete daher die Magdalenen-Kirche und übergab die alte Dorfkirche am Richardplatz der Böhmisch-Lutherischen Gemeinde, die 1885–1887 erneut Umbauten vornehmen ließ. Seit 1912 heißt das Bauwerk Bethlehems-Kirche – dies zur Erinnerung an die Bethlehems-Kapelle in Prag.
Der letzte Eingriff in die Bausubstanz fand 1939–1941 statt. Damals schuf man zum zweiten Mal eine neue Saktistei. Vor allem aber veränderte man den Vorbau, den die Kirche 1885 bekommen hatte. Hatte er vorher drei kleine, abgestufte Dächer, so erhielt er jetzt ein einziges Dach, das bis zur Höhe des Kirchenschiff-Dachfirstes hochgezogen wurde. Man merkt daher nicht mehr, daß der Turm der Kirche vorangestellt war. Er wirkt jetzt wie ein zu groß geratener Dachreiter.
Der Innenraum der Bethlehemskirche wurde seit 1885 mehrfach leicht verändert; die durchgreifendste Neuerung war 1939/41 die Fassung aller Holzteile in bäuerlicher Renaissancemalerei sowie die Anfertigung eines nachempfundenen Renaissanceschreins für das schon vorher vorhandene Altarbild. Dieses hatte sich zuvor in einem klassizistischen Rahmenwerk befunden, das stilistisch dem alten Orgelgehäuse entsprach. Wie der Raum eingerichtet war, als hier die Gottesdienste der Rixdorfer Ortsgemeinde stattfanden, ist kaum bekannt; erhalten blieb der Taufstein, eine bemerkenswerte Arbeit aus dem frühen 18. Jahrhundert.
Den Boden des Kircheninnern senkte man 1885 um 70 Zentimeter, um den Raum höher wirken zu lassen. Da seitdem Stufen in die Kirche hinabführen und das umgebende Erdreich durch die Mauern Feuchtigkeit in das Kircheninnere abgab, trug man 1939 den gesamten Kirchhof um 90 Zentimeter ab. Die damals freigelegten Mauerfundamente sind im Innern unter der Kanzel und außen nahezu umlaufend zu erkennen. 1984–1986 wurde eine umfassende Restaurierung und konstruktive Sicherung von Turm und Kirchendachstuhl vorgenommen.

Durch die Kirchhofstraße kommen wir in spit-

Zentralflughafen
Berlin-Tempelhof
Tempelhof
Friedenau
Steglitz
Südende
Lankwitz
Mariendorf
Marienfelde
Lichtenrade
Osdorf
Buckow I
Erholungspark
Freizeitpark
Marienfelde
Trabrennbahn
Ringbahn
BAB Berlin-Südost
A 13
Alt-Tempelhof
Kaiserin-Augusta-Str.
Ordensmeister
Ullsteinstr.
Eisenacher Str.
Westphalweg
Mariendorfer Damm
Lankwitzer Str.
Daimler
Buckower Ch.
Bf. Marienfelde
Bf. Mariendorf
Bf. Priesterweg
Bf. Feuerbachstr.
Bf. Teltow kanal
Der Insulaner
Großbeerenstr.
Marienfelder Allee
Alt-Marienfelde
Nahmitzer
B 101
Diedersdorfer
Schichau
Rieselfelder
Groß-Ziethener Str.
Bornhagen
Pechstein
Bahnhofstr.
Homburg str.
Weilburg str.
Griembergweg
Baldersheimer
13
12
11
10
9
8

N
1
2
3
4
5
6
7
Neukölln
Baumschulenweg
Oberschöneweide
Volkspark Wuhlheide
Niederschöneweide
Königsheide
Johannisthal
Adlers
Britz
Buckow II
Gropiusstadt
Buckow
Rudow
Gartenstadt Großziethen
Großziethen
Schönefeld
Bf Planterwald
Plänterwald
Karl-Marx-Str.
Thomasstr.
Schierker Str.
Hermannstr.
Grenzallee
Kontrollstelle
Blaschkoallee
Parchimer Allee
Gielower Str.
Gutschmidtstr.
Fritz-Reuter-Allee
Britz-Süd
Fritz-Erler-Allee
Johannisthaler Ch.
Glockenblumenweg
Seidelbastweg
Teltowkanal
Stubenrauchstr.
Kornblumenring
Zwickauer Damm
Lipschitzallee
Wutzkyallee
Buckower Damm
Bf. Rudow Nord
Bf. Rudow
Rudower Fließ
Lichtenrader Str.
Grenzkontrollstelle Waltersdorfer Ch.
Waltersdorfer Ch.
Schönefelder Ch.
B 179
Sterndamm
Segelfliegerdamm
Baumschulenstr.
Königsheideweg
Späthstr.
Britzer Damm
Neuköllnische Allee
Sonnenallee
Eichbuschallee
Schnellerstr.
Wilhelminenhofstr.
Siemensstr.
Edisonstr.
Rudower Str.
Neudecker Weg
Waßmannsdorfer Ch.
Großziethener Ch.
Putensteig

Dorfkirche Britz

zem Winkel zur Karl-Marx-Straße. Zuvor liegt auf der rechten Seite, gegenüber dem Magdalenen-Kirchhof, der Gottesacker der Böhmischen Kirchengemeinden. Nördlich der Gabelung steht seit 1879 die erste städtische Kirche Neuköllns, die **Magdalenen-Kirche (2).** Ihr Bau wurde 1877 nach Plänen des Teltower Kreisbaumeisters Bohl gegenüber dem 1819 angelegten Kirchhof der Ortsgemeinde begonnen. Interessant ist an der späten Ausprägung des hier angewandten Rundbogenstils, der beinahe schon im Sinne hochmittelalterlicher Romanik aufgefaßt zu sein scheint, daß das Kirchenschiff wieder jene kubische Strenge aufweist, die den Schinkelschen Kirchenentwürfen eigen war. Die Kirche ist durch Zufall geostet: Der westliche Turmeingang sollte straßenzugewandt sein. Der zentrale Turm vor der westlichen Giebelseite entspricht eher der Stülerschen Weiterentwicklung des Rundbogenstils. Indizien hierfür sind seine hohe Spitze und die Fialen an Turm und Schiff.
Auch das 1984/86 restaurierte Innere dieser Kirche, das nach mehrjähriger Restaurierung jetzt alle im Laufe der Jahrzehnte angebrachten Bemalungen exemplarisch nebeneinander zeigt, ist in seinem Formenkanon und dekorativen Elementen der späten Schinkelschule zuzurechnen. Die Innenräume der St. Matthäus- und der St. Lukas-Kirche in Tiergarten und Kreuzberg haben einst ähnlich gewirkt.
Wir folgen der Karl-Marx-Straße und der anschließenden Buschkrugallee nach Süden und biegen rechts in die Parchimer Allee ein; bis dorthin können wir auch mit der U-Bahn fahren. Hinter dem Gutspark auf der linken Seite, am Kirchteich, liegt die Dorfkirche von Britz neben dem dazugehörenden Pfarr- und Gemeindehaus.

Dorfkirche Britz (3)

Das Dorf wurde wahrscheinlich in der zweiten Hälfte des 13. Jahrhunderts gegründet. Sein Name geht auf die Patronatsfamilie Britzke zurück, die es bis 1699 besaß. Im 18. Jahrhundert kam Britz nacheinander an zwei preußische Außenminister: Rüdiger von Ilgen war ab 1719, Ewald Friedrich von Hertzberg ab 1753 Britzer Orts- und Kirchenpatron. 1924, vier Jahre nach der Gründung Groß-Berlins, erwarb diese neue Großgemeinde das Dorf, das inzwischen wiederholt seinen Besitzer gewechselt hatte.

Einzig erhaltenes Bauwerk der Gründungszeit des Ortes ist die Dorfkirche. Ihr Schiff, entsprechend altchristlicher und römischer Tradition geostet, also mit der Altarseite nach Osten, gen Jerusalem, ausgerichtet, ist im Kern aus jener Zeit erhalten geblieben. Seine Fenstergewände stammen jedoch aus einer neugotischen Überformung der gesamten Kirche im Jahre 1888. Damals wurde auch ein neuer, aufwendiger, spitzbehelmter Turm errichtet. Von ihm sind nach den Zerstörungen durch den Zweiten Weltkrieg nur noch die den Fenstern ähnelnden Gewände der Schallöffnungen übrig geblieben. Ansonsten ist der heutige Glockenturm sehr viel einfacher als der von 1888.

Im Mauerverband der Nord- und der Südwand lassen sich außen noch Ansätze der ursprünglichen, vielleicht aber auch im 18. Jahrhundert schon einmal geänderten Fenster nachweisen. Die alten Stürze sind, trotz flächenbündiger Vermauerung, gerade noch erkennbar. Zur Datierung des Kirchbaus trägt wesentlich die Art des bereits recht nachlässig aufgeführten Mauerwerks des Schiffes bei, das in dieser Weise, mit noch sorgfältig zugerichteten Quadern an den Außenecken, etwa zwischen 1260 und 1300 vorkommt. Später wurden dann auch die Eckquadern nicht mehr derart vorbildlich behauen.

Vor dem Ostgiebel der Kirche, der den Raum rechtwinklig abschließt, ließ Minister von Hertzberg 1775 für sich und seine Familie die noch erhaltene, heute als Sakristei genutzte Grabkapelle errichten. Diese Art baulich dokumentierter Verquickung von Staat und Ortskirche war im 18. Jahrhundert durchaus üblich. In West-Berlin ist die Britzer Gruftkapelle der Familie Hertzberg jedoch das einzige erhaltene bauliche Zeugnis davon. Die Gruft unter der heutigen Sakristei ist der Öffentlichkeit nicht zugänglich.

Das Innere der Kirche erreicht man durch die 1888 gleichermaßen neugotisch überformten Eingänge unterhalb des Turmes oder durch einen eigens errichteten Vorraum an der Südseite des Chores. Vor dem Anbau der Gruftkapelle bezog dieser Chor wahrscheinlich sein Licht durch eine dreiteilige Fenstergruppe an seiner Ostseite. Außen und innen ist er deutlich vom Langhaus abgesetzt – er ist „eingezogen“, also von geringerer Breite als die übrige Kirche. Die Ostwand des Langhauses wird von einem spitzen Triumphbogen durchbrochen, der dem wertvollsten Inventar der Kirche, dem Kanzelaltar, den optischen Rahmen gibt. Der besonders am Schalldeckel reich verzierte Kanzelreiter wurde 1720 durch die Frau des Ministers von Ilgen gestiftet. Durch die sonst schlichte, ländlich anmutende Einrichtung der Kirche wirkt dieses Inventarstück besonders dominant. Die neugotische Überformung des Innenraumes blieb in der Gruft der Familie Wrede unter dem Turm erhalten. Bemerkenswert ist, daß die Britzer Gemeinde noch Altargerät aus der Entstehungszeit des Kanzelaltars besitzt. Die Taufschale aus der Mitte des 15. Jahrhunderts kam 1661 in diese Kirche; der erhaltene hölzerne Taufständer wurde wahrscheinlich gefertigt, als die alte Schale hierher kam.

Vom alten Dorf Britz gelangen wir über die Fulhamer und Parchimer Allee bis zur Buschkrugallee, der wir, rechts abbiegend, in Richtung Süden folgen. Nach knapp zwei Kilometern sehen wir auf der rechten Seite, hinter der Ecke zur Lipschitzallee, die eigenwillig geformte, städtebaulich und architektonisch interessante **Dreieinigkeits-Kirche (4).** Die sechseckige Kirche wurde 1969–1971 nach Plänen von Reinhold Barwich für die neue Gemeinde (damals noch Kirchengemeinde „Buckow-Ost“) errichtet, die 1949 entstanden war. Die an einer der Hauptstraßen der Gropiusstadt und vor der Masse der Bauten dieser Großsiedlung quasi als ‚Torbau‘ errichtete Kirche ist hinsichtlich ihrer konsequenten Konstruktion aus drei in sich flachwinkelig geknickten Giebeln und dem darüber aufgespannten, zur Mitte hin tief abgesenkten Zeltdach äußerst bemerkenswert und für den qualitätvollen Kirchenbau in der letzten Phase der großen Kirchbaubewegung der sechziger Jahre weit über Berlin hinaus von Bedeutung. Die Nutzungsqualitäten und der hohe gestalterische Anspruch des zentral organisierten Innenraums sind den beschriebenen Vorzügen in städtebaulicher und architektonisch-konstruktiver Hinsicht gleichwertig. Die durch die Spitzen der Giebel implizierte Assoziation der Dreieinigkeit Gottes ist mit der Namensgebung von Gemeinde und Bauwerk verknüpft. Im Kirchsaal macht dessen Weite und zentrale Ausrichtung die Einheit der versammelten Gemeinde im Namen des drei‚einigen‘ – weniger des drei‚faltigen‘ – Gottes spürbar.

Die Rudower Straße verfolgen wir noch etwa weitere eineinhalb Kilometer nach Süden: dort, an der Gabelung mit der Straße Alt-Rudow beginnt der Kern des Dorfes, das 1373 erstmals urkundlich erwähnt wurde. Die Dorfkirche von Rudow liegt außerhalb, und zwar östlich dieser durch „Alt-Rudow" in nordwest-südöstlicher Richtung verlaufenden Dorfaue an der Köpenicker Straße, die das Dorf vor der Grenzziehung mit Köpenick verband.

Dorfkirche Rudow (5)

Obwohl oft verändert und nach weitgehender Zerstörung im Zweiten Weltkrieg wiederaufgebaut, ist die Rudower Kirche im Kern so erhalten geblieben, wie sie in der zweiten Hälfte des 13. Jahrhunderts erbaut worden war. Urkunden darüber gibt es zwar nicht, doch immerhin deuten die Bauweise sowie die 1909 entdeckten mittelalterlichen Malereien im Innern auf diese Entstehungszeit des Bauwerks hin. Die verschiedenen Änderungen des Baus sind erkennbar, obwohl man gelegentlich versuchte, neue Zutaten durch Verwendung des gleichen Materials der historischen Substanz anzupassen. So stammt das südliche Querschiff der ursprünglich einschiffigen Kirche erst aus der Wiederaufbauphase nach dem Zweiten Weltkrieg. Das nördliche Querhaus war 1909 angefügt worden, zusammen mit einer Verlängerung des Altar- beziehungsweise Chorraums nach Osten, die als Dreisechstelschluß gestaltet wurde. Heute entspricht der schlichte Wiederaufbau des Chors mit rechtwinkeligem Schluß wieder eher den Gepflogenheiten der Zeit um 1300.
Die Kirche wurde im 18. Jahrhundert durchgreifend erneuert; bis 1713 trug sie einen Fachwerkturm, der dann durch einen dem heutigen ähnlichen Massivbau ersetzt wurde. Das mittelalterliche Westportal blieb unangetastet; wir sehen es heute als einziges Baudetail der Ursprungsfassung der Kirche an. Der Barockturm, der mit seiner charakteristischen Lisenengliederung als „Markenzeichen" der Dorfkirche gilt, wurde nach zahlreichen, kleinen Veränderungen im 18. und 19. Jahrhundert schließlich 1909 um vier Meter erhöht. Nach der Zerstörung im Zweiten Weltkrieg errichtete man ihn ebenso schlank, beinahe überproportional hoch, wieder: Seine Höhe war inzwischen zum Charakteristikum für Kirche und Dorf geworden. An der Nordseite des Schiffes sehen wir noch ein erhaltenes Gewände der Barockfassung der Fenster, die zu dieser Zeit stark vergrößert worden waren.
Die Einrichtung der Kirche ging im Zweiten

Dorfkirche Rudow

Weltkrieg verloren. Einer glücklichen Fügung ist die Rettung einer Glocke aus dem Jahre 1732 zu danken, die bereits zum Einschmelzen abgeliefert war und so der Zerstörung im einstürzenden Turm entging; man entdeckte sie später auf dem Hamburger „Glockenfriedhof" Blankenese wieder. Im Innenraum zeugt einzig ein links im Altarraum in die Wand eingelassenes Epitaph von der einstigen Ausstattung: Die Frau eines Köpenicker Amtmannes wurde 1736 an der Kirche beigesetzt und ihr Grabmal später hier angebracht. Gestalterische Akzente setzen in diesem lichten, freundlichen Kirchsaal das Rundfenster über dem Altar mit der Darstellung des Auferstandenen, das darunter auf dem Altar angebrachte Kruzifix und der Erzengel Michael: eine Wandmalerei von Siegmund Hahn über der Orgelempore. Diese Kunstwerke und die in der südlich angefügten Ehrenhalle aufgestellte Pietà von Gerhard Schreiter spiegeln Kunstauffassungen und den wandelnden Zeitgeist von der unmittelbaren Nachkriegszeit bis in die Zeit um 1960 wider.

Über die Neuköllner Straße, die Fritz-Erler-Allee und die Johannisthaler Chaussee geht es nach Alt-Buckow. Bis zur Johannisthaler Chaussee kann man auch die U-Bahn nehmen, und von hier aus sind es noch etwa zwei Kilometer zu Fuß oder per Bus bis zur Dorfmitte von Buckow. Unweit der U-Bahnstation „Johannisthaler Chaussee" befindet sich die **Martin-Luther-King-Gemeinde (6)** mit ihrer 1966 bis 1968 von Karl Otto errichteten Kirche.

Dorfkirche Buckow (7)

Seit etwa 1250 gibt es das Dorf Buckow und seine Kirche, die hart neben der heutigen Hauptverkehrsstraße auf dem hochgelegenen alten Friedhof des Ortes steht. Bemerkenswert ist der mächtige Westturm, der in der Breite des Kirchenschiffes die Anlage optisch beherrscht. Einen derartigen Turm mit quergestelltem Satteldach gibt es in West-Berlin sonst nur noch in Marienfelde. Die Kirche ist als einfacher Saalbau im Osten flach geschlossen; dies entspricht nicht der in der ersten Hälfte des 13. Jahrhunderts üblichen Weise der Errichtung ‚vollständiger Anlagen' aus Turm, Schiff, Chorquadrat und Apsis, wie sie in Marienfelde vorbildlich erhalten ist. Eine spätmittelalterliche Besonderheit macht dieses Bauwerk interessant: Das reich ausgestattete Spitzbogenportal der Südseite entstand im 15. Jahrhundert. Die unterschiedlichen Formsteine und die Perfektion ihrer Verarbeitung zeigen die Einflüsse der norddeutschen oder märkischen Backsteingotik. Hinter der schmalen Westpforte unter dem Turm sind noch Mauernischen zu erkennen; Hinweise darauf, daß hier durch eingeschobene Holzbalken die Tür von innen gegen ein gewaltsames Eindringen von außen gesichert werden konnte.

Die Kirche ist im Innern überraschend gestaltet: Entgegen der ursprünglichen Fassung mit flacher Balkendecke finden wir ein dreijochiges Kreuzrippengewölbe, das den Raum durch seine zwei Achsen nahezu in zwei Schiffe aufzuteilen scheint. Verstärkt ist dieser Eindruck durch den tiefen Ansatz dieses Gewölbes. Auf den Kappen zwischen den Rippen erkennt man Reste der 1908 und 1950 entdeckten Fresken aus der Erstzeit des Gewölbes. Dargestellt sind Szenen aus der Passionsgeschichte. Der schlechte Zustand der Fresken ist, wie in der Dahlemer St. Annen-Kirche, auf unsachgemäße Versuche nach 1908 zurückzuführen, die Bilder zu ergänzen. In der Mitte der großen, in weitem Bogen tief herabgeführten Spitzbogenöffnung

Dorfkirche Buckow

zwischen Turmhalle und Kirchenschiff steht der erste Pfeiler der Mittelachse zwischen den beiden gewölbten ‚Schiffen' der Kirche. An seiner Turmseite hängt eine Wappentafel des 1627 gestorbenen Kammergerichtsrats und kurfürstlichen Vizekanzlers Dr. Arnold de Reyger. Die Tafel stammt aus der St. Marien-Kirche im heutigen Bezirk Mitte (Ost-Berlin). Über die Treppe in der Turmhalle ist das Glokkengeschoß erreichbar. Dort finden wir zwei Glocken der ‚ältesten Generation': Eine trägt die Jahreszahl 1322; die andere, unbezeichnete, ist ihrer schlanken „Rippe" wegen vielleicht noch früher gegossen worden.

Das bleiverglaste Mittelfenster hinter dem Altar gestaltete Siegmund Hahn, das Altarkruzifix stammt von Gerhard Schreiter. Rechts vom Altar hängen zwei Altarflügel aus dem 15. Jahrhundert. Sie befanden sich ursprünglich in der Berliner Franziskaner-Klosterkirche; auf ihnen sind zwölf Apostel und Heilige dargestellt. Ebenfalls rechts vom Altar befindet sich ein Epitaph für den Grafen Johann von Hohenlohe, der 1412 in der Schlacht am Kremmener Damm gefallen war. Auch dieses älteste Tafelbild in Berlin stammt aus der Klosterkirche. Eine im ersten Joch hinter dem Turm an der Wand angebrachte spätgotische

Marienfigur wurde ebenfalls aus dieser zerstörten Berliner Kirche hierher gebracht. Lokalen Bezug zu Buckow haben schließlich die beiden Bildnisse des Andreas Lindholz und seiner Frau Ursula, die 1729 hier angebracht wurden: der 1655 gestorbene Lindholz war Bürgermeister von Berlin und zugleich Landherr und Kirchenpatron von Buckow.

Der weitere Weg führt uns die Marienfelder Chaussee entlang nach Westen – es ist die alte Verbindung der Dörfer Buckow und Marienfelde – bis zur Kreuzung mit dem Mariendorfer und Lichtenrader Damm. Dem Lichtenrader Damm folgen wir – links abbiegend – bis zur Gabelung mit Alt-Lichtenrade. Etwa eineinhalb Kilometer hinter dieser Gabelung liegt an dieser Straße die Dorfkirche.

Dorfkirche Lichtenrade (8)

Lichtenrade wurde 1375 erstmals erwähnt. Höchstwahrscheinlich entstand seine Kirche aber schon um 1300. Zur Datierung dient uns vor allem die Art des Kirchenschiff-Mauerwerkes, die die um 1300 übliche, nachlässig gewordene Ausführung des Feldsteinmauerwerks aus schlecht behauenen Findlingen zeigt. Die Fenster wurden in der heutigen Form erst 1769 hergestellt. Vorher hatte das Kirchenschiff schmale, schartenartige Fenster, die noch im Verband der Außenwände zu sehen sind. Am Ostgiebel befand sich eine mittelalterliche Dreifenstergruppe. Die mittlere der drei Öffnungen wurde 1769 vermauert, damit an ihrer Innenseite der damals üblich gewordene Kanzelaltar auf der Mittelachse der Kirche aufgestellt werden konnte. Die seitlichen Fenster vergrößerte man, so daß dort die alten Gewände nicht mehr zu erkennen sind. Reste von Ziegeleinfassungen der ehemaligen Fenstergewände deuten darauf hin, daß diese Anfang des 14. Jahrhunderts entstanden sein müssen, als die Mischung von Natur- und Ziegelsteinen üblich wurde.

Seit etwa 1660 hat die Kirche einen Turm. Es handelte sich zunächst um ein Fachwerk, das der Kirche aufgesetzt und senkrecht mit Holz beplankt wurde. 1810 mußte er wegen Baufälligkeit abgetragen werden. Das restliche 19. Jahrhundert war die Kirche dann ohne Turm; eine Darstellung aus den neunziger Jahren zeigt einen ziegelsichtigen Glockenträger über dem Westgiebel mit einer achtseitigen Spitze. Die Glocken hingen hinter zwei

Dorfkirche Lichtenrade

Schallöffnungen innerhalb des Dachraumes. Der heutige Turm wurde nach Entwürfen von Georg Schwartzkopff 1902 dem Westgiebel vorangestellt. Seine maschinenbehauenen Feldsteine weisen ihn deutlich als neue Zutat aus. Die ursprüngliche hohe Spitze mit achtseitigem Schieferhelm und vier Eckfialen fiel dem Zweiten Weltkrieg zum Opfer. Das quergestellte Satteldach über den neuen seitlichen Giebelfeldern erinnert an Westwerke des 13. Jahrhunderts. Einziger original gestalteter Rest des Turmes von 1902 ist das Kirchenportal.

Das helle Kircheninnere ist seit 1961 ohne historische Einrichtungsgegenstände. Letztes Inventar früherer Jahrhunderte war ein hölzerner Taufengel, der als Konsole für die Taufschale diente. Er befindet sich im Tempelhofer Heimatmuseum. Wesentliche Gestaltung erfährt der Raum heute durch die Bleiverglasungen nach Entwürfen von Hans Joachim Burgert und durch sein eindrucksvolles Triumphkreuz auf dem Altar. Auch die Taufschale wurde von Burgert gestaltet.

Zurück über den Lichtenrader Damm bis zur Kreuzung mit der Verbindung Marienfelde-Buckow, biegen wir in die Buckower Chaus-

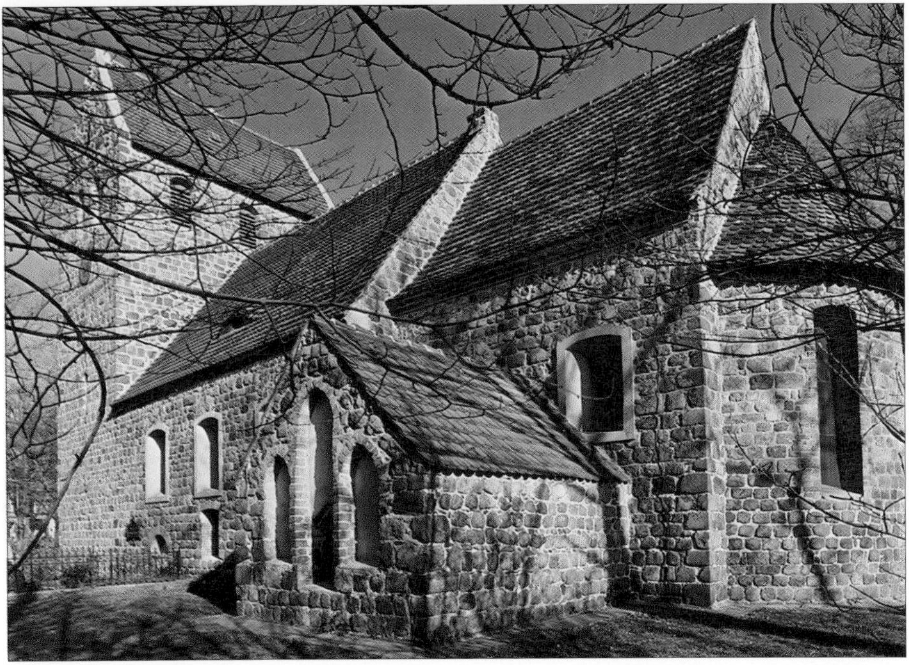

Dorfkirche Marienfelde

see nach Westen ein. Nach Überquerung der Bahnlinie direkt am S-Bahnhof Buckower Chaussee halten wir uns bei der Gabelung mit dem Nahmitzer Damm rechts und folgen der ‚alten' Buckower Chaussee bis Alt-Marienfelde. Vom S-Bahnhof sind es bis zur Dorfkirche Marienfelde auf der Dorfaue etwa 1200 Meter. Wir kommen, bevor der Blick auf die Dorfkirche von den mächtigen alten Bäumen freigegeben wird, am Gutshof Marienfelde vorbei. Die erhaltenen Gebäude werden heute vom Veterinärmedizinischen Institut der Freien Universität genutzt. Der Kartograph und Geograph Adolf Kiepert erwarb das Gut 1844 und ließ Wohnhaus und Wirtschaftsgebäude bis 1860 in den erhaltenen Zustand versetzen.

Dorfkirche Marienfelde (9)

Die Kirche ist das älteste erhaltene Gotteshaus in Berlin. Sie wurde wahrscheinlich um 1220 errichtet. Das Dorf ist mit seinem märkischen Anger in Ost-West-Richtung angelegt; die Kirche steht in ihrer eigenen Ostung – der Ausrichtung des Altars nach Jerusalem – parallel zur Dorfaue. Inmitten des aus dem 19. Jahrhundert beinahe unberührt erhaltenen Ortskerns liegt diese einzige in West-Berlin erhaltene Kirche mit ‚vollständiger Anlage'; in ihr sind alle Strukturteile der für das 13. Jahrhundert typischen Dorfkirchen der Mark Brandenburg sowie weiter Teile Nord- und Mitteldeutschlands rein und unverändert erhalten. In der Reihenfolge ihrer Erbauung sind dies das Chorquadrat mit der halbrunden Apsis im Osten, daran westlich anschließend die Laienkirche – das Langhaus – und schließlich der Westturm, der nur einmal, unterhalb der Uhr, leicht zurückgestuft ist und ansonsten in ganzer Breite und Tiefe bis unter das quergestellte Satteldach aufragt. Unzweifelhafter Hinweis auf die Entstehungszeit ist das sorgfältig abgerichtete Mauerwerk mit seinen besonders sorgsam behandelten Außenecken.

Auch Dorf und Kirche Marienfelde wurden vom Templerorden gegründet. Nachdem Papst Clemens V. (1305–1314) im Jahre 1312 den Orden verboten hatte, übernahmen die Johanniter die Dörfer; 1435 kam das Patronat dann an die Städte Berlin und Kölln. Aus der Ursprungszeit sind nicht nur die Struktur des Bauwerks mit allen wesentlichen Mauerwerksteilen, sondern auch Details erhalten geblieben. Oberhalb der Fenster des Lang-

hauses erkennt man die vermauerten Bögen der romanischen Schartenfenster. Die 1850 und 1913 vermauerten Seitenpforten der Kirche stammen wohl ebenfalls aus der Erstzeit der Kirche. Die Apsis wurde 1896 verändert; man vergrößerte ihre Fenster erheblich. Seit 1956 besitzen sie starkfarbige Bleiverglasungen von Georg Lippmann, so daß sie heute sicher nicht mehr Licht einlassen als im Mittelalter.
An der Südseite des Chorquadrats wurde im 15. Jahrhundert die Sakristei angefügt, unter deren Satteldach sich ein tief herabgezogenes Bandrippengewölbe spannt. Gegenüber an der Nordseite des Chores befindet sich der schmale Anbau der Patronatsloge, die seit ihrer Errichtung im 14. oder 15. Jahrhundert mit ihrem abschleppenden Dach die Nordfenster des Chorquadrates verdeckte. Seit 1954 fällt aber auch von Norden her Licht durch die alten Fenster in den Chor, denn die nun als Heizraum genutzte Patronatsloge hat jetzt ein flaches Dach. Die Vorhalle vor dem Turm errichtete 1921 Bruno Möhring. Auf dem Turmdach erblickt man die älteste Windfahne Berlins. Sie trägt neben den Initialen ihres wahrscheinlichen Stifters, des Windmüllers Joachim Peetzke, sowie einem wendischen Drachenkopf und einem Windmühlensymbol, die Jahreszahl 1595.
Die Gestaltung der Vorhalle stammt von 1921. Die Kirche besaß ursprünglich eine flache Holzbalkendecke; die vorhandene Segmentbogentonnendecke wurde ebenfalls 1921 eingebaut. Auch das Chorquadrat war ursprünglich tonnengewölbt. Heute ist die Wölbung allerdings nicht mehr massiv. An der Nordwand des Chorraums erblickt man eine Sakramentsnische, wie sie in West-Berlin außerdem nur in St. Nikolai (Spandau) erhalten ist. Der alte Altar von 1624 ist nicht mehr vorhanden; die Kalkstein-Taufe aus dieser Zeit ist ein beredtes Zeugnis volkstümlicher Kunst der Renaissance. Acht 1746 gestiftete Tafelbilder und eine Leuchterkrone aus dem 17. Jahrhundert ergänzen die kunstgeschichtlich interessante Ausstattung des Chorquadrats.

Nachdem wir die Dorfaue in westlicher Richtung verlassen haben, biegen wir in den nördlichen Teil der Marienfelder Allee ein. Nach Unterquerung der S-Bahn (am Bahnhof Marienfelde) folgen wir der Großbeerenstraße bis Alt-Mariendorf. Bei all diesen Chausseen handelt es sich um die historischen Verbindungen der alten Dörfer.

Dorfkirche Mariendorf

Dorfkirche Mariendorf (10)

Diese Dorfkirche umfaßte als Gründung der Templer ursprünglich nur das erhaltene Chorquadrat und die halbkreisförmige Apsis. Allerdings wurden die Rechteckkirche und der (nicht vollständig erhaltene) Westturm nur wenig später angefügt. Die Anlage entstand zwischen 1200 und 1240. Der jetzige Turmaufsatz wurde 1737 geschaffen. Die heutige Gestaltung des Schiffes versucht den spätromanischen Ursprung der Kirche zu betonen; nachdem die Fenster im 18. Jahrhundert stark vergrößert worden waren, entsprechen ihre Abmessungen heute wieder dem ursprünglichen Zustand. Das Kirchenportal unter dem Turm war jahrhundertelang nur Turmzugang; nach seiner Restaurierung 1954 dient es wieder seinem eigentlichen Zweck. Die Nordpforte ist seitdem vermauert; sie stammt aus dem 17. Jahrhundert. Bis auf die Turmobergeschosse fehlen der Mariendorfer Kirche keine Bestandteile einer ‚vollständigen Anlage'. Die spätgotische Sakristei an der Nordseite des Chorquadrates wurde im 18. Jahrhundert erweitert.
Wir betreten den Kirchenraum durch das hochgotische, 1954 ‚romanisierte' Westpor-

tal. Rechts neben diesem Zugang ist an der Turmaußenseite eine Putzfläche, die ihre abweichende Struktur einer Reparatur nach russischer Belagerung im Jahre 1812 verdankt. Eine Granate hatte den Turm getroffen und wohl auch abgedeckt; denn dieselbe Art der Reparatur findet sich unterhalb der Turmdachtraufe. Eine 1480 gegossene Glocke läutet noch heute zum Gottesdienst. 1970 wurde ein über Klaviatur oder mechanische Walzen zu betreibendes Glockenspiel mit 16 Glocken in den Turm eingebaut.

Das Kirchenschiff ist - ähnlich der Buckower Kirche - durch eine Pfeilerreihe auf der Mittelachse der Kirche scheinbar in zwei Schiffe geteilt. Die Pfeiler, Säulen und die Gewölbe darüber sind um 1550 eingebaut worden und ersetzen eine Holzbalkendecke. Im Gegensatz zum Gewölbe in Buckow und zu anderslautenden Behauptungen über diese Kirche handelt es sich hier nicht um ein Kreuzgrat- oder Kreuzrippengewölbe. Zwei parallele Tonnengewölbe werden vielmehr durch gleichmäßig über den Fensterachsen einschneidende Stichkappen gegliedert, wodurch der Eindruck aneinanderliegender Gewölbejoche entsteht. Anstelle des im Zweiten Weltkrieg verschollenen - weil ausgelagerten - Renaissancealtars von 1626 finden wir heute eine Kopie des Kruzifixus aus der Abteikirche zu Werden bei Essen, der 1060 entstand. Die Bleiverglasungen der romanisierten Apsisfenster - auch sie waren im 18. Jahrhundert verändert worden - schuf Hermann Kirchberger 1956.

Sechs kleine Holztafelbilder im Chorraum und im Langhaus kamen nach Erneuerung der Kirche 1956 auf Veranlassung des Landeskonservators in die Kirche. Sie stammen aus den Emporen-Brüstungsfeldern der Heilig-Geist-Kapelle zu Berlin (Ost), die 1905/06 zur Aula der neuen Handelshochschule wurde. Auf insgesamt 36 Tafeln waren dort alttestamentliche Szenen dargestellt. Andere der um 1600 und 1646 entstandenen Bilder sind in den Dorfkirchen von Tempelhof und Zehlendorf zu sehen. Ebenfalls im Chor befindet sich eine Kreuzigungsdarstellung vom Anfang des 17. Jahrhunderts. Die Gliederung des Kirchenraumes ist im wesentlichen auf die Wiederherstellung vor 1954 zurückzuführen; im Interesse der Raumwirkung entfernte man damals eine Seitenempore. Auch die Neorenaissanceausmalung von 1925 wurde beseitigt. Die durch Holzwurmbefall zerstörte Kanzel von 1714 ersetzte man durch das vorhandene schlichte Inventar.

Wir folgen dem Mariendorfer Damm weiter Richtung Norden oder nehmen für eine Station (bis zum Westphalweg) die U-Bahn. Dort biegen wir westlich in die Kaiserstraße ein. Nach etwa vierhundert Metern sehen wir links, hinter der Kreuzung Rathausstraße, die **Martin-Luther-Gedächtnis-Kirche (11).** 1935 als zweite Kirche der Mariendorfer Gemeinde nach Plänen von Curt Steinberg erbaut, weist sie nicht das übliche Muster der traditionalistischen Kirchenarchitektur der dreißiger Jahre auf. Zwar wirkt ihr Turm wehrhaft. Fast ganz geschlossen, ist er nur durch starke Lisenen gegliedert. Doch krönt ihn ein beinahe spätexpressionistisch anmutender Aufsatz auf ovalem Grundriß. Terrakotten im Kircheninneren lassen eindeutig den Einfluß der damals vom NS-Staat geförderten Kunstauffassung erkennen, weisen andererseits aber auch auf Wurzeln hin, die in den zwanziger Jahren zu suchen sind. Ausdrucksstarke Elemente jüngeren Datums sind die Fenstergestaltungen von Gottfried von Stockhausen. Neben der Kirche steht das schon 1927 (ebenfalls von Curt Steinberg) errichtete Gemeindehaus. Das Ensemble vollendet ein 1969/1970 von Dietrich Noack erbautes Gemeindezentrum.

In etwa zwei Kilometern Entfernung (zu erreichen über die Rathausstraße in nördlicher Richtung und ihre Fortsetzung in der Alarich- und in der Manteuffelstraße) finden wir an der Kaiserin-Augusta-Straße die **Glaubens-Kirche (12)** der Gemeinde Alt-Tempelhof. Diese erste Stadtkirche im Bezirk Tempelhof wurde 1914/15 nach Plänen der Architekten Köhler und Kranz errichtet, nachdem schon seit 1895 die Notwendigkeit einer zusätzlichen Predigtstätte erkannt worden war. Der mächtige Bau, zusammen mit dem direkt benachbarten Gemeinde- und Pfarrhaus sowie dem gegenüberliegenden Gymnasium entstanden, ist als traditionelle ‚Wegkirche' in der Anlagenfolge Vorhalle-Turm-Gemeindekirche-Altarraum von Ost nach West ausgerichtet. Ihre Strukturen und viele Details sind dem Amtskirchenbau Preußens im 18. Jahrhundert entlehnt, wobei allerdings die Dimensionen mehr als verdoppelt wurden. Die Wahl von Muschelkalk und Rauhputz für die Fassaden entspricht ganz der Tendenz des zweiten Jahrzehnts, historisch ‚vorbelastete' Baumaterialien wie Formziegel zu meiden. Das von 1915 erhaltene Altarbild von Ernst Pfannschmidt zeigt den „Hauptmann von Kapernaum".

Die alte Kirche der Gemeinde, die Dorfkirche,

ist von hier durch die Friedrich-Franz-Straße und die Bosestraße zu Fuß erreichbar.

Dorfkirche Tempelhof (13)

Das Dorf Tempelhof ist durch die Straßenbezeichnung Alt-Tempelhof nördlich der Kirche ohne weiteres zu identifizieren; allerdings liegt die Kirche mehr als zweihundert Meter von ihm entfernt. Tatsächlich gehörte sie ursprünglich zu der 1250 gegründeten Komturei (dem Ordenshof) der Tempelritter, die unmittelbar westlich von ihr lag. 1312 fielen Ordenshof, Kirche und Dorf an die Johanniter. Zur Ortskirche wurde das Gotteshaus aber erst nach 1435, als die Johanniter das Patronat über die Dörfer dieses Teltow-Teiles an Berlin und Kölln abgaben. Im Zweiten Weltkrieg schwer zerstört, verdankt die Kirche ihre heutige Form dem Wiederaufbau in den Jahren 1954–1956. Zuvor hatte man in der Ruine die Fundamente eines Westturmes unterhalb des Westteils der jetzigen Kirche ergraben. Dieser Turm dürfte dem der Marienfelder Kirche geglichen haben. Ansonsten entspricht das Gebäude – auch nach dem Wiederaufbau – der typischen Konzeption der Mitte des 13. Jahrhunderts. Allerdings fehlt das Chorquadrat zwischen Langhaus und Kreisbogenapsis. Vor allem das sorgsam geschichtete Quadermauerwerk weist auf die Entstehungszeit hin.

1848 wurde die Kirche außen und innen stark verändert. Man vergrößerte die Fenster und umgab sie mit üppigen Gewänden. Diese Verfremdungen wurden – von den auch heute überproportional großen seitlichen Apsisfenstern abgesehen – bei der Rekonstruktion rückgängig gemacht. Anstelle des Anbaus an der Südseite gab es spätestens seit dem 15. Jahrhundert eine Kapelle. Dieser Teil wurde 1848 wegen Baufälligkeit abgebrochen; die Gruftgewölbe darunter sind seitdem unzugänglich. Nachdem der große Turm sicherlich schon seit dem Dreißigjährigen Kriege nicht mehr existierte, erhielt die Kirche 1751 einen Fachwerkturm, der dem heutigen in den Proportionen gleichkam. Ein schiefergedecktes Glockendach schloß ihn ab; das schlichte Zeltdach der heutigen Version soll dokumentieren, daß kein historisches Zitat, sondern nur strukturelle Anlehnung angestrebt wurde.

Das schlichte, helle Innere der Kirche ist nicht ‚modern‘ gestaltet – es ordnet sich der historischen Hülle in den notwendigen und zurückhaltend-schmückenden Details unter.

Dorfkirche Tempelhof

So können die wenigen, eindrucksvollen alten Inventarien zu um so größerer Wirkung kommen; vor allem der seitlich aufgestellte Altar der Heiligen Katharina, die 1596 gefertigte Kopie eines Altares, den Lucas Cranach der Ältere (1472–1553) im Jahre 1504 für Torgau gestaltet hatte. 1601 stiftete die Kurfürstin Katharina diesen Tafelaltar der Kirche. Das Altarkruzifix ist eine niederländische Schnitzarbeit aus dem 16. Jahrhundert. Dem Katharinenaltar gegenüber hängen an der Nordwand der Kirche Holztafeln aus der Emporenbrüstung der Kapelle des Berliner Heilig-Geist-Hospitals. Wir erwähnten derartige Tafeln bereits im Zusammenhang mit Mariendorf. Eine Kopie des im Märkischen Museum in Ost-Berlin erhaltenen spätmittelalterlichen Taufsteins nimmt heute die versilberte Messingtaufschale auf. Sie wurde im 17. Jahrhundert gefertigt und trägt die Darstellung der Verkündigung Mariens.

Schöneberg Steglitz Wilmersdorf

(etwa 23 km)

Dorfkirche Schöneberg

Unser Weg durch den mittleren Süden beginnt an der Grunewaldstraße in Schöneberg. An der Ecke mit der Akazienstraße, auf dem damaligen Prinz-Heinrich-Platz, wurde 1892 bis 1894 die **Apostel-Paulus-Kirche (1)** errichtet. Ihr Entwurf stammt von Franz Schwechten, dem Architekten der Kaiser-Wilhelm-Gedächtnis-Kirche. Die gewählten Formen märkischer Backsteingotik sind ähnlich den Kirchen des anderen großen Architekten neugotischer Kirchen in Berlin jener Zeit, Johannes Otzen, weitgehend frei verwendet und zeigen so die ‚Handschrift' des Baumeisters. Weniger frei ist die Gesamtstruktur des Bauwerkes. Hinter einem spitzbehelmten Turm schließt sich die dreischiffige Kirche mit Querhaus, Treppentürmen neben dem Chor und Nebenräumen - einem Kapellenkranz gleichend - an.

Das ursprünglich reich ausgemalte und mit starkfarbigen Bleiglasfenstern dunkel-feierlich wirkende Innere, dessen Vierungsraum durch ausschwingende Emporen beinahe wie ein Zentralraum wirkt, wurde nach den Kriegszerstörungen im Zweiten Weltkrieg vereinfacht wiederhergestellt. Hierbei entfernte man im Eifer der Zeit die erhaltenen ausdrucksstarken Prinzipalstücke und ersetzte sie durch Objekte in der Formensprache der fünfziger Jahre. Diese Kirche zählt zu den größten Predigtkirchen in West-Berlin.

Wir folgen der Akazienstraße nach Süden und biegen rechts in die Hauptstraße ein, die hier, zwischen Grunewaldstraße und Dominicusstraße, Kern des einstigen Dorfes Schöneberg ist. Nach fünfhundert Metern sehen wir rechts, einige Meter über Straßenniveau, die Dorfkirche.

Dorfkirche Schöneberg (2)

Die leichte Höhendifferenz zwischen Hauptstraße und Kirche ist der Rest des „Schönen Berges", der Dorf und Bezirk den Namen gab. Eine Kirche gab es hier wahrscheinlich schon seit Gründung des Dorfes, das 1264 erstmals erwähnt wurde. Die allererste Ortskirche wurde 1544 zerstört, ein Neubau sank während des Siebenjährigen Krieges (1756–1763) in Trümmer. Der durch Friedrich II. vergrößerte Ort erhielt 1764–1766 eine neue Kirche, deren Außengestalt nach Zerstörungen im Zweiten Weltkrieg wiedererstand. Der Bau ist typisch für die preußischen Amtskirchen der zweiten Hälfte des 18. Jahrhunderts; seine Fassaden sind allerdings in vergleichsweise reichen Formen ausgeschmückt. Besonders die Fassung der dorfseitigen Brauttür, das große Seitenportal, ist in manieristischer Weise geradezu theatralisch überbetont. Auch ist der Turm dem Schiff vorangestellt und nicht, wie damals häufiger, als Dachreiter aufgesattelt. Die ursprüngliche Zweigeschossigkeit des Innern ist in der rekonstruierten Fassade durch die unterschiedlichen Fenster des Erd- und des Emporengeschosses ablesbar. Der Innenausbau, 1955 nach Entwürfen von Walter Krüger fertiggestellt, knüpft an einfache Schmuckformen barocker Innenräume an, ohne zu historisieren. Die vor der Zerstörung dreiseitig

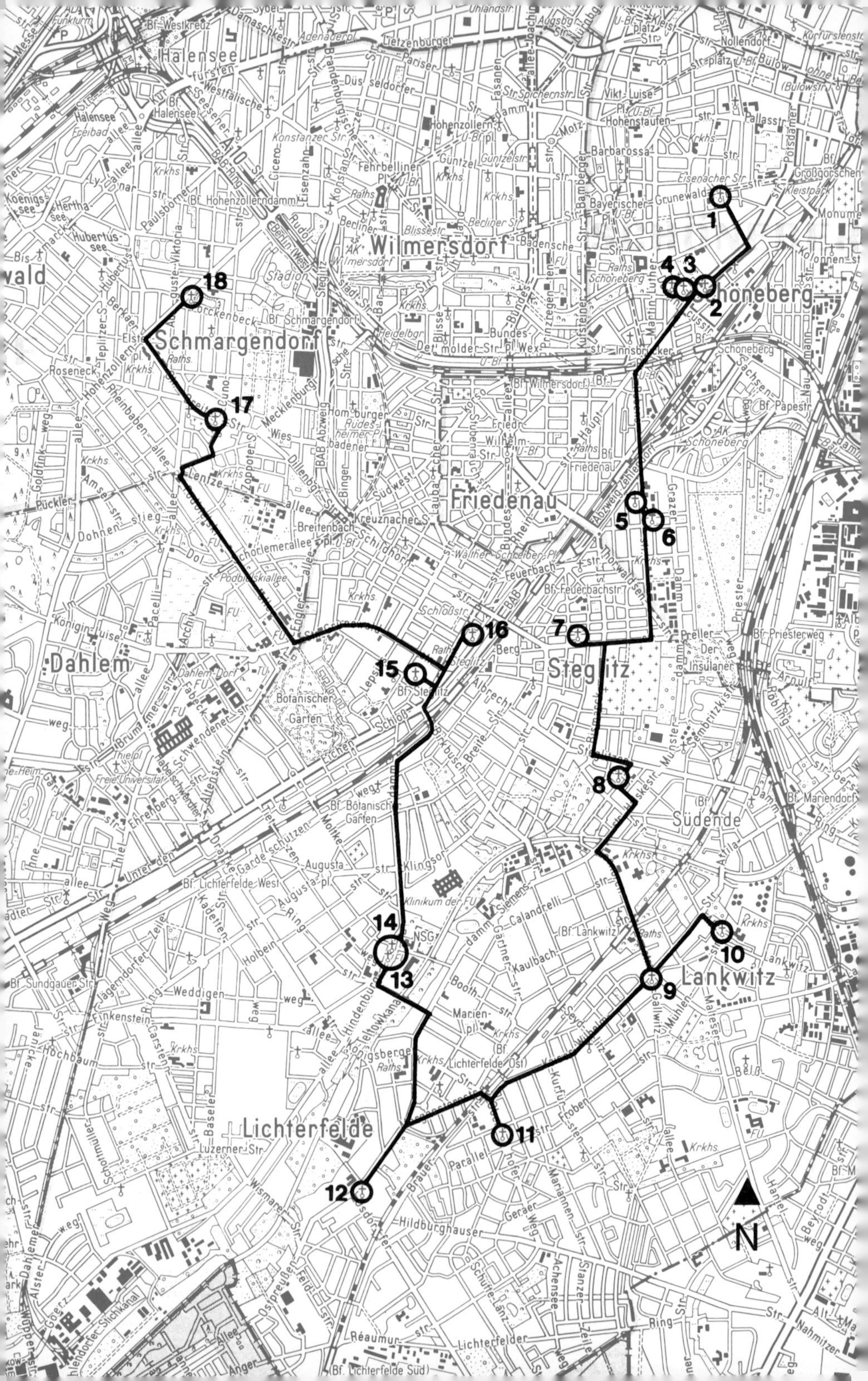
Halensee
Wilmersdorf
Schöneberg
Schmargendorf
Friedenau
Dahlem
Steglitz
Südende
Lankwitz
Lichterfelde
Botanischer Garten
Klinikum der FU
Freie Universität
1
2
3
4
5
6
7
8
9
10
11
12
13
14
15
16
17
18
N

umlaufenden Emporen wurden nicht wiederhergestellt. Die neue Orgelempore deutet in schlichten, gebrochenen Schwüngen die Wirkung des historischen Ausbaus an, ohne ihn zu kopieren. Das nach dem Krieg aus der zerstörten Berliner Franziskaner-Klosterkirche hierher gekommene Altarbild ist ein Epitaph für den Großkomtur des Deutschritterordens Claus von Bach, der 1521 starb. Er ist zusammen mit dem Stifter der Tafel, Jost Truchseß von Wetzhausen, seinem Nachfolger als Großkomtur, unter einer Szene aus der Passion Jesu dargestellt. Es handelt sich bei diesem Bild um eine Arbeit der Nürnberger Schule. Die Kirche wird zusammen mit der altkatholischen Gemeinde genutzt.

In unmittelbarer Nähe der Dorfkirche steht die evangelische **Paul-Gerhardt-Kirche (3)** mit zugehörigen Bauten. Auf dem angrenzenden Grundstück an der Dominicusstraße steht die katholische **St. Norbert-Kirche (4).** Beide Gotteshäuser haben Vorgängerbauten. Die erste Paul-Gerhardt-Kirche auf dieser „Kircheninsel" wurde 1908/10 durch Friedrich Schulze errichtet. Für beide ehemalige Kirchen verwendeten die Architekten Formen unter Einflüssen des Jugendstils; für Paul-Gerhardt wurde Neorenaissance, für St. Norbert Neoromanik zugrundegelegt. Während die alte Paul-Gerhardt-Kirche im Zweiten Weltkrieg weitgehend zerstört wurde, konnte die St. Norbert-Kirche (Carl Kühn, 1913–1918) unter Verzicht auf die erhaltenen Türme – sie standen der Straßenverbreiterung im Wege – 1957/62 wiederaufgebaut werden. Der Architekt dieses Wiederaufbaus, Hermann Fehling, schuf gleichzeitig mit der Endphase der Rekonstruktion von St. Norbert 1961/62 zusammen mit Daniel Gogel die heutige Paul-Gerhardt-Kirche mit den Gemeindegebäuden. Die plastische Durchgestaltung der Sichtbetonscheiben im Wechsel mit Lichtbändern und großen, eingestellten Fensterflächen sowie die stark geneigten Winkel von Dachflächen und Anschnitten einzelner flächiger Körper kehrt an der neuen Straßenfront und den Nebengebäuden von St. Norbert wieder. So ist es gelungen, ein geschlossenes städtebauliches Ensemble zu schaffen.

Unser Weg führt aus dem alten Kern Schönebergs in Richtung Südwesten, entlang der Hauptstraße, über den Innsbrucker Platz, unter dem S-Bahn-Ring hindurch und links in die Rubensstraße hinein. Unter der Potsdamer Eisenbahnlinie, die schon die königlichen Residenzstädte Berlin und Potsdam miteinander verband, als es noch keine andere Bahnlinie in Berlin gab, und unter der Stadtautobahn hindurch folgen wir der Rubensstraße bis zum Grazer Platz. Zuvor passieren wir die rechts stehende katholische **St. Konrad-Kirche (5)**, die Hans Schäfers 1958 errichtete. Auf dem Grazer Platz steht die 1902/03 von Jürgen Kröger gebaute **Nathanael-Kirche (6).** Die Neugotik dieses Baus, die Kröger nicht nur frühen märkischen Kirchen der Backsteingotik, sondern auch norddeutscher Frühgotik entlehnte, ist wesentlich schlichter als die der Bauten Johann Otzens. Die Gliederung einzelner Strukturteile ist beinahe kubushaft geschlossen; Dekoration beschränkt sich auf eher flächige Ornamentik in farblichen Kontrasten zwischen rotem Ziegelmauerwerk und weißen Putzspiegeln. Die ehemals hohe Spitze des Turms, die dem erhaltenen Helm der Trinitatis-Kirche in Charlottenburg stark ähnelte, fiel dem Kriege zum Opfer und wurde nach Plänen von Gerhard Wolschke durch ein quergestelltes, abgewalmtes Dach über der Glockenstube ersetzt. Überhaupt entsprach die ursprüngliche Fassung der Kirche in vielem der Trinitatis-Kirche von Vollmer und Jassoy; beide Kirchen verloren ihren Vierungsturm im Zweiten Weltkrieg. Das Gemeindehaus der Nathanael-Kirchengemeinde, neben der Kirche am Grazer Platz Ecke Rubensstraße, entstand 1927/28 unter Verwendung dekorativer Elemente expressionistischer Architektur.

Über die Rubensstraße in Richtung Süden, die Thorwaldsen- und die Bergstraße, kommen wir nach knapp zwei Kilometern zur **Lukas-Kirche (7)** am Friedrichsruher Platz. Ihre Bauzeit verzögerte sich, ähnlich der alten katholischen St. Norbert-Kirche, durch den Ausbruch des Ersten Weltkrieges; 1914 begonnen, konnte sie erst 1919 fertiggestellt werden. Architekt Walter Kern errichtete diese ‚Trutzburg' in Anlehnung an romanische Formen west- und mitteldeutscher Burgenbaukunst; sein Bestreben, Neues zu schaffen, ohne jedoch die Kontinuität der damals noch immer erstrebenswerten Anknüpfung an mittelalterliche Stile für den Kirchenbau völlig aufgeben zu wollen, ließ ihn historisch planen und für Kirchen bislang kaum verwendete Ausdrucksformen verwenden. Sein Werk ist deshalb manchen ersten deutschen Versuchen historistischen Bauens gegen Ende des 18. Jahrhunderts verwandt. Die im Zweiten Weltkrieg kaum zerstörte Kirche

wurde in den fünfziger Jahren innen leicht vereinfacht; die ursprüngliche Malerei ist nur in der Apsiseinwölbung erhalten.
Unser Weg führt uns über die Bismarckstraße weiter nach Süden. Am Steglitzer Damm biegen wir links ein; an der zweiten Ecke auf der rechten Seite sehen wir am Ende der kurzen Kellerstraße bereits die mächtige **Markus-Kirche (8).** Sie ist nur wenig älter als die Lukas-Kirche; dem flüchtigen Betrachter scheint sie sicher wesentlich jünger. Peter Jürgensen und Jürgen Bachmann planten den Bau, der 1911/12 entstand. Wie Lukas wurde auch diese Kirche als weitere Predigtstätte der Steglitzer Kirchengemeinde errichtet; erst 1949 teilte man den Gemeindebezirk auf und gründete selbständige Gemeinden. In ihrer Grundstruktur ähnlich der Tempelhofer Glaubenskirche, weicht dieses Gotteshaus wenig von den jahrhundertealten Achsanordnungen ab; die Dreischiffigkeit des Kirchsaales hinter dem stumpf gedeckten Turm und die abschließende Apsis als Altarraum, die Zweigeschossigkeit in den Fassaden, Pastophorien gleichende Anbauten neben der Apsis: alle Strukturmerkmale weisen auf Traditionsbewußtsein und erst zaghaft beginnenden Aufbruch zu neuen Formen hin. Wesentliche Neuerung – gerade im Vergleich zur Lukas-Kirche – ist jedoch der Verzicht auf bewußte Zitate bestimmter historischer Stile. Die Außenflächen der Kirche sind schlicht, ohne jeden ornamentalen oder figuralen Schmuck. Die städtebaulich interessante Gesamtanlage von Kirche und Pfarr- sowie Gemeindehaus ist von einem Vorplatz erschlossen, dessen einziger symbolistischer Schmuck – gleichsam als Namensbezeichnung – eine Skulptur des Markus-Löwen über dem Portal ist. Das Innere der Kirche bietet sich so dar, wie es nach dem Zweiten Weltkrieg wiederaufgebaut wurde.
Über die Liliencronstraße erreichen wir die Halskestraße. Deren Verlängerung, die Siemensstraße, verlassen wir an der Leonorenstraße, der wir bis zu ihrem Ende vor der **Dreifaltigkeits-Kirche (9)** folgen. Wie in den meisten Landgemeinden um Berlin nahm die Bevölkerungsdichte in Lankwitz um 1900 derart zu, daß die Dorfkirche durch einen hier wie andernorts nahegelegenen Kirchneubau ergänzt werden mußte. 1903/06 konnte dieses Gotteshaus nach Entwürfen von Ludwig von Tiedemann errichtet werden. Die gewählte Sprache märkischer Hochgotik wird in der Kombination von Ziegelmauerwerk, Kalkstein- und Putzflächen detailgetreu durchgehalten; die Gesamtanlage entspricht jedoch eher den geforderten Ansprüchen an eine funktionsfähige Predigtkirche der Zeit um die Jahrhundertwende. Das Innere wurde nach Kriegszerstörungen durch Ludolf von Walthausen verändert wiederhergestellt; beibehalten wurde das Raumgefüge mit seinen ziegelrohen Kreuzrippen und den geputzten Gewölbekappen. Die zentrale Anordnung der Prinzipalstücke entspricht jedoch seit dem Wiederaufbau eher dem Charakter des nahezu als Zentralraum aufzufassenden Kirchensaals.
Das **Gemeindehaus** neben der Kirche, 1931/32 nach Plänen von Otto Kuhlmann erbaut, kann als typisches Beispiel für den Anspruch angesehen werden, den man in den dreißiger Jahren unter den Gesichtspunkten theologischer, pädagogischer und sozialer Gemeindearbeit an ein solches Gebäude stellte. Es wurde 1982/83 nach Entwürfen von Michael Lindenmeyer im Inneren umstrukturiert, um den aktuellen Bedürfnissen der Gemeinde effektiver dienen zu können. Einer der Säle wurde jüngst von chilenischen Künstlern im Asyl durch ein Wandbild geschmückt.
Ein Abstecher Richtung Nordosten, entlang der Kaiser-Wilhelm-Straße, führt uns nach Alt-Lankwitz, dessen Dorfaue sich rechts erstreckt.

Dorfkirche Lankwitz (10)

Inmitten der langgestreckten Aue steht die Dorfkirche, umgeben von der Kirchhofsmauer des 18. Jahrhunderts, die ehemals die königliche Seidenraupenzucht auf dem Kirchhof schützte. Erstmals erwähnt wird das Dorf 1239, als es unter das Patronat der Spandauer Benediktinerinnen kam. Auch die Bauweise der Kirche deutet darauf hin, daß das Gotteshaus im 13. Jahrhundert entstand. Sein Mauerwerk ist nicht mehr von jener hohen Qualität, die beispielsweise die um 1220 errichtete Marienfelder Kirche auszeichnet; es ist aber auch noch nicht derart nachlässig ausgeführt wie das der Bauten des 14. Jahrhunderts. Bemerkenswert ist der Rechteckchor der Kirche, der in kleineren Abmessungen beinahe dieselben Proportionen hat wie das Langhaus. Diesem Teil, der Gemeindekirche, wurde der Fachwerkturm aufgesetzt, dessen Geschichte bis in das Jahr 1757 zurückreicht. Anstatt des heutigen Zeltdaches trug er eine geschweifte Haube ohne Laterne, ähnlich der erhaltenen Spitze der Lichterfelder Dorfkirche. Nach der Zerstörung von

Dorfkirche Lankwitz

Kirche und Turm 1943 wurde das Turmbauwerk unter Wolfram Konwiarz 1956 als Stahlbetonfachwerk wiedererrichtet, wobei man die Gesamtabmessungen etwas verringerte. Verkleidung und Spitze des neuen Turmes sind den Teilen des alten nachempfunden.
In den dreißiger Jahren unseres Jahrhunderts erfuhr die Kirche Umbauten. Erst seit 1936 gewährt das westliche Portal, unter dem Turm, wieder Zugang zur Kirche. Lange Zeit bestand lediglich ein seitlicher Eingang, der noch erkennbar ist. Die Fenster der Kirche sind so wiederhergestellt worden, wie sie 1757 in vergrößerter Form angelegt worden waren. Nur an der Apsis finden wir die Schartenfenster der Erstzeit dieser Kirche. Eine gründliche Restaurierung unter Hans-Joachim Arndt sorgte 1974–1977 für die Beseitigung von Zutaten, die zur schnellen Wiedernutzbarmachung der Kirche nach dem Zweiten Weltkrieg in den Innenraum eingebracht worden waren. Die Holzdecke ersetzt seitdem eine Weichfaserplattendecke; die Apsis wurde neu eingewölbt. Bis 1938 gab es einen Kanzelaltar, hinter dem die Apsisfenster vermauert waren. Ein eingezogener Schildbogen gliedert seit der Entfernung des Kanzelaltars die Weite des Chorabschlusses, wodurch die Kreisbogenapsis eine optisch gesteigerte Tiefe erhielt. In den wieder geöffneten Apsisfenstern befinden sich Bleigläser von Paul Ohnsorge; davor, auf der Mensa des Altars, ist ein Tafelbild aus der Berliner St. Marien-Kirche zu sehen, das 1550 als Epitaph für den Berliner Bürgermeister Joachim Reich gemalt wurde. Vor der Kreuzigungsszene erblicken wir die Familie des Stifters.

Nachdem wir auf die Kaiser-Wilhelm-Straße zurückgekehrt sind, folgen wir dieser alten Verbindung von Lankwitz und Giesensdorf zunächst bis zum Kranoldplatz. Links liegt der Oberhofer Platz. Auf ihm steht seit 1898 die **Petrus-Kirche (11),** die erste neue Kirche, die Lichterfelde nach den alten Dorfkirchen erhielt. Der Entwurf von Regierungsbaumeister Goldbach zeigt zwar Motive märkischer Backsteingotik, aber die eher flächigen Schmuckteile, die die großen, wenig gegliederten Strukturteile der Kirche kaum im Sinne der Vielschichtigkeit gotischer Backsteinornamentik plastisch auflösen, machen deutlich, daß es sich um einen ersten Versuch des schlichten Umsetzens historischer Stilzitate handelt. Die ‚modernen' Erfordernisse einer evangelischen Gemeindekirche

Dorfkirche Giesensdorf

rangieren hier vor der strikten Durchführung mittelalterlicher Vorgaben. Die Kirche ist in ihren Bauteilen axial-traditionalistisch aufgebaut; dem spitzbehelmten Turm folgt das einschiffige Langhaus, an das ein kurzer Rechteckchor mit axialem Sakristeianbau angefügt ist.
Das Innere der Kirche wurde erst 1926 ornamental ausgemalt; zwischen 1955 und 1981 diente der Kirchenraum in der einfachen Fassung der Wiederherstellung nach dem Zweiten Weltkrieg dem Gemeindegottesdienst. Nach Einbau einer verglasten „Winterkirche“ unter der Orgelempore und Nebenflächen unter den hohen Seitenfenstern wird das Gebäude heute auch zu vielfältigen kulturellen und kommunikativen Aktivitäten genutzt. Bei dem hier verwirklichten Konzept ist es in West-Berlin erstmals gelungen, eine Kirche, die durch den sonntäglichen Gemeindegottesdienst nicht hinreichend ausgelastet und somit sinnvoll unterhalten werden konnte, ohne wesentlichen Eingriff in die historische Bausubstanz vielfältig nutzbar und dadurch ‚haltbar‘ zu machen.
Nach Unterquerung der S-Bahn biegen wir links in die Morgensternstraße ein. Nach sechshundert Metern mündet sie in den Ostpreußendamm ein, dem wir weitere fünfhundert Meter folgen. An der Ecke Osdorfer Straße steht die Kirche von Giesensdorf.

Dorfkirche Giesensdorf (12)

Giesensdorf wurde 1299 zum ersten Male erwähnt. Schon um 1250 begann man mit dem Bau der Kirche. Aus dieser ersten Zeit stammt die Osthälfte des Baues auf dem hinteren Teil des Kirchhofs; eine ‚Baunaht‘ zeigt deutlich, wo dieser älteste Teil der Kirche ansetzt. Die sorgfältige Mauerarbeit unterscheidet sich sichtlich von der nachlässigen Bauweise des westlichen Langhausteiles, der erst gegen 1300 an den alten Teil angefügt wurde. Die Kirche hat weder einen abgesetzten Chor mit Apsis noch einen Turm. Vor ihrer nahezu völligen Zerstörung im Zweiten Weltkrieg besaß sie allerdings einen Fachwerkturm, dessen Alter nicht mehr exakt feststellbar ist; seine Gestalt wechselte zudem mehrmals. Seit Ludolf von Walthausen die Kirche 1955 wiederherstellte, trägt sie einen aus maschinenbehauenen Feldsteinen errichteten Giebelreiter auf dem Westgiebel.
Die Fenster des Schiffes gehen auf die großen Öffnungen von 1609 zurück, als man die

Dorfkirche Licherfelde

Kirche nicht mehr als Schutzraum für die Bevölkerung benötigte und die schmalen Schartenfenster des Mittelalters ihren Sinn verloren. Ein Fenster des Westteiles der Kirche ist in seiner ursprünglichen Gestalt an der Südseite erhalten geblieben. Auch an der Nordmauer des ältesten Teiles der Kirche sind noch zwei ehemalige Fensteröffnungen mit erneuerten Spitzbögen als Nischen sichtbar. Die heutige Sakristei wurde in Anlehnung an den ehemals an dieser Stelle vorhandenen Anbau erst 1975 errichtet. Das Dach der Kirche ist mit „Mönch-und-Nonne"-Ziegeln gedeckt; eine Deckungsart, die heute hauptsächlich nur noch aus Südeuropa bekannt ist. Dabei wechseln übereinander verlegte konkave und konvexe Ziegel miteinander ab.

Im schlichten Innern ist die ‚Fuge' zwischen dem westlichen und dem östlichen Teil des Schiffes als verschwingender Absatz der Wand sichtbar; die Mauern des älteren Teils im Osten sind erheblich stärker als die des jüngeren Langhausteils. Von der ehemaligen Einrichtung der Kirche, die seit 1873 sogar mit zwei Längsemporen ausgestattet war, ist nur eine Grabplatte erhalten geblieben, die an der Nordseite steht. Der 1698 gestorbene Gutsherr Ernst Ludwig von der Groeben gehörte zu einer Familie, die das Kirchenpatronat bereits seit 1480 innehatte. 1866 kam Giesensdorf zusammen mit Lichterfelde an Wilhelm von Carstenn; 11 Jahre später entstand Groß- Lichterfelde, wonach der Name Giesensdorf verschwand, bis ihn die Kirchengemeinde 1954 wieder aufgriff.

Weiter folgen wir dem Ostpreußendamm in nordöstlicher Richtung bis zur Bäkestraße. Nachdem wir links eingebogen sind und den Teltowkanal überquert haben, erreichen wir nach etwa zwei Kilometern die Dorfaue von Lichterfelde, heute eine „Verkehrsinsel" mitten auf dem Hindenburgdamm.

Dorfkirche Lichterfelde (13)

Mit dieser Dorfkirche besitzt Berlin neben den beiden großen Stadtkirchen im historischen Zentrum Berlins und in der Altstadt Spandaus, die dem heiligen Nikolaus geweiht wurden, eine weitere Nikolai-Kirche; der Namenspatron ist in Lichterfelde über die Jahrhunderte protestantischer Geschichte jedoch in Vergessenheit geraten. Neben der benachbarten Paulus-Kirche, die 1900 errichtet wurde, wirkt sie fast unscheinbar. Der Beschaffenheit ihres Mauerwerks zufolge muß sie um 1300 entstanden sein. Den Ursprungsbau müssen wir uns ohne Turm und ohne Anbauten vorstellen. Heute gibt es zwei ehemalige Gruftkapellen, deren eine seit 1939 als Vorhalle dient. Im Dreißigjährigen Krieg (1618–1648) wurde die Kirche stark zerstört. Als man sie anschließend wieder aufbaute, versah man sie mit größeren Fenstern als zuvor, doch 1939 versuchte man, den ursprünglichen Zustand wiederherzustellen. Hierbei verwendete man jedoch romanische Stilelemente. Daher entsprechen die heutigen Rundbogenfenster zwar den ursprünglichen Abmessungen, doch hatten diese Fenster einst gotische Spitzbögen.

Der Wiederaufbau nach dem Dreißigjährigen Krieg erfolgte erst 1701 durch den Patron von Danckelmann. Dieser ließ auch den ersten nachweisbaren Turm errichten. Trotz wiederholter Umbauten im 18. Jahrhundert geht auch der heutige Turm noch immer auf den damaligen Bau zurück. Der Anbau nördlich der Kirche wurde 1776 errichtet. Es handelt sich um die Gruftkapelle der Familie von Bülow, deren Wappenschild man über dem Portal erblickt. Die heutige Vorhalle hatte zunächst, nachdem sie 1789 gebaut worden war, nur knapp die halbe Breite des Kirchenschiffes. Der Patron von Beguelin ließ sie drei Jahre nach seinem Gutserwerb als Grabkapelle errichten. 1939 wurde sie auf ihre heutige Größe gebracht und zur Eingangshalle umfunktioniert.

Einziges Detail der ursprünglichen Kirche dürfte das Spitzbogenportal zwischen Vorhalle und Kirchenschiff sein; denn alle Fenster und übrigen Charakteristika wurden 1939 ‚romanisiert'. Bevor schließlich die Paulus-Kirche der Gemeinde genügend Raum bot, hatte man 1895 die Dorfkirche nach Osten erweitert. Weder außen noch innen ist zu erkennen, daß der Ostgiebel um einige Meter versetzt wurde. 1939 wurde an diese Erweiterung noch die Sakristei an der Südseite angefügt. In der Vorhalle ist ein Empire-Grabmal für Christine von Beguelin erhalten, die 1797 starb. Der Altar der Kirche stammt aus der neugotischen Kirche in Döberitz. Er ersetzt – wahrscheinlich erst seit 1939 – einen barocken Kanzelaltar von 1725/26. Das zentrale Tafelbild mit dem Schweißtuch der Veronika wurde übermalt. Heute beherrscht diesen Altar ein davormontiertes Kruzifix. Die übrigen Hauptstücke der ehemaligen Ausstattung, die der Patron Heinrich Cunow 1725/26 stiftete, sind nicht mehr vorhanden. Ein 1941 barockisierend nachempfundener Orgelprospekt kann jedoch daran erinnern, daß vor allem nach dem Wiederaufbau 1701 reiche Gutsherren und Kirchenpatrone eine wertvolle Ausstattung stifteten.

In unmittelbarer Nähe der alten Dorfkirche steht seit 1900 die **Paulus-Kirche (14)** des Architekten Fritz Gottlob. Nach zweijähriger Bauzeit entsprach dieses Gotteshaus dem zusätzlichen Raumbedarf der inzwischen städtischen Gemeinde. Der lebhaft gegliederte Bau ist – wie beinahe bei allen neugotischen Kirche um Berlin, die in noch ländlicher Umgebung vor der Jahrhundertwende entstanden – in seinen Strukturteilen axialsymmetrisch angelegt. Seine Einzelformen sind der Architektur mecklenburgischer und pommerscher Backsteinkirchen der Gotik entlehnt. Im Gegensatz zur Petrus-Kirche, die zwei Jahre zuvor entstand, erscheint diese Anwendung gotischer Formen wieder dekorativ und großartig. Nach Zerstörungen im Zweiten Weltkrieg wurde die Kirche bis 1957 unter Erich Ruhtz und Karl Streckebach wiederhergestellt. Das Innere wurde dabei vereinfacht. Weitere Umbauten haben 1985/87 teilweise gelindert, was damals – als zeitgemäß und angemessen gewertet – den Raum zusätzlich zu den Kriegseinwirkungen beeinträchtigte.

Über den Hindenburgdamm erreichen wir in nördlicher Richtung die Schloßstraße. Gegenüber dem Steglitzer Kreisel mit dem Bezirksamt Steglitz und neben dem Wrangelschlößchen mit dem Schloßparktheater erhebt sich das Gemeindehaus der Matthäus-Kirchengemeinde von Otto Rudolf Salvisberg, das 1930 vor der **Matthäus-Kirche (15)** entstand. Salvisberg, dessen Wohnungsbau epochemachend wurde, gelang trotz Enge des Grundstücks eine Lösung, die beiden, Gemeindehaus und Kirche, zugutekommt. Durch den torartigen Durchgang zur Kirche treten die vertikalen Baukörper der Kirche in spannungsreiche Zwiesprache mit den quergelagerten Körpern der Gemeindehausflügel.

Die Kirche wurde nach Entwürfen des Kreisbauinspektors Gette 1876/80 gebaut. Die Dorfkirche von Steglitz, im Kern ein mittelalterlicher Bau, mußte zuvor wegen Baufälligkeit abgebrochen werden; sie stand etwa an derselben Stelle. Entsprechend der Zeit ihres Entstehens und der damals noch ganz ländlichen Umgebung ist auch die Neugotik

dieser neuen Steglitzer ‚Dorfkirche' keineswegs auf großartige Wirkung angelegt; ihre Ornamentik beschränkt sich ganz im Sinne norddeutscher ‚ländlicher' Kirchengotik auf die Flächengliederungen der Außenwände. Keine Staffelgiebel ragen auf; Gesimsfriese und kaum gestaffelte Fenstergewände sowie der hohe, ebenfalls nur in den Flächen ornamentierte Turm geben dem Bauwerk den ländlichen Charakter. Auch die Gebäudestruktur ist entsprechend ausgefallen: das Langhaus liegt symmetrisch hinter dem Turm und wird von einem zentralbauartigen Körper mit Vierung und angedeuteten Querschiffen abgeschlossen. Nichts entspricht der freien Verwendung, die gotische Formen gleichzeitig an Berliner Stadtkirchen erfuhren.
Vierhundert Meter nördlich, in der rechts von der Schloßstraße abgehenden Kieler Straße, steht die katholische **Rosenkranz-Basilika (16)** des Architekten Christoph Hehl. Sie wurde 1900 fertiggestellt und verbindet frühchristlich-byzantinische Architekturelemente mit solchen märkischer Romanik. Hehl war Professor für mittelalterliche Baukunst an der Charlottenburger Technischen Hochschule; er machte sich besonders um den katholischen Kirchenbau in Berlin verdient. Auch andere Zentralbauten, wie die (neue) Marien-Kirche in Spandau, die Herz-Jesu-Kirche in Zehlendorf und die Friedenauer Marien-Kirche wurden von ihm geschaffen. Der unversehrte Innenraum der Rosenkranz-Basilika ist von besonderem Reiz.
Durch die Grunewaldstraße, über den Königin-Luise-Platz, entlang der Podbielskiallee, durch die Heiligendammer und die Kirchstraße kommen wir in den Kern des alten Schmargendorf. Mit öffentlichen Verkehrsmitteln bleibt nur der Umweg über die Königin-Luise-Straße und die Pacelli-Allee.

Dorfkirche Schmargendorf (17)

An der Ecke Kirchstraße/Breite Straße steht die kleinste der erhaltenen West-Berliner Dorfkirchen. Das Bauwerk ist wahrscheinlich ebenso alt wie der Ort. „Marggrefendorpe", wie es damals noch hieß, kam vermutlich zwischen 1215 und 1225 an das Stift Coswig. Dies ist mit Befunden an der Kirche in Einklang zu bringen: einige Stellen des Mauerwerks können aus dem 13. Jahrhundert stammen. Weitere Teile sind jedoch sicher erst um 1400 aufgeführt worden. Die Kirche wurde demnach in der Mitte des 13. Jahrhunderts begonnen und um 1400 fertiggestellt. Wie in

Dorfkirche Schmargendorf

Dahlem steht sie neben der Dorfaue, während die märkischen Kirchen in der Regel mitten auf den Anger plaziert wurden. Das Gelände des anschließenden Kirchhofs steigt stark an; bis 1938 war die Südwand gleichzeitig Fangmauer für das Erdreich. Hierdurch und durch mangelnde Baupflege im 19. und Anfang unseres Jahrhunderts entstanden tiefgreifende Schäden, die in den dreißiger Jahren umfangreiche Erneuerungen notwendig machten. Dabei wurden mittelalterliche Baupraktiken so perfekt kopiert, daß es heute schwerfällt, die neuen Teile zu erkennen. Nach verschiedenen Umgestaltungen erhielt vor allem der Ostgiebel an der Kirchstraße 1938 sein heutiges Aussehen. Er wurde nach einer Abbildung von 1834 rekonstruiert. Umbauten des Inneren um die Jahrhundertwende wirkten sich auf diesen Giebel, Umbauten des 18. und 19. Jahrhunderts auf die Gestalt der Fenster aus. Auch hatte die Anlage eines Seiteneinganges im 19. Jahrhundert zur Folge, daß das Westportal verschlossen und das Gelände davor aufgeschüttet wurde. Diese Veränderungen machte man 1938 rückgängig.
Im Turm, der sicherlich einen mittelalterlichen Vorgänger hatte, hängen zwei undatier-

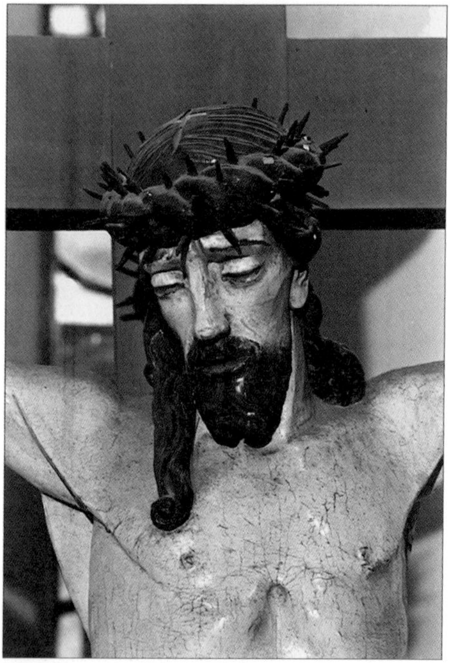

Kruzifixus Dorfkirche Schmargendorf

te Glocken; eine davon zählt zu den „Cum-Pace-Glocken“, weil sie den vom 13. bis 16. Jahrhundert oft in Glocken gegossenen Spruch trägt: „o rex gloriae christe veni cum pace“. Der heutige Turm entstand 1831. Sein Fachwerk war ursprünglich ausgemauert; später beplankte man erst zwei, schließlich alle vier Seiten. Zwischen 1895 und 1938 hatte der Kirchraum ein überhöhtes Holztonnengewölbe, das die alte Balkendecke ersetzte. Der ursprüngliche Altar wurde 1895 ebenfalls entfernt. Ein Holzschrein trat an seine Stelle. Der so kaum als wertvoll einzustufende Raum wurde 1937 wegen Baufälligkeit geschlossen; die neue Kreuz-Kirche diente inzwischen dem Gottesdienst. Ein Innenausbau sollte 1937 durch einen Blendbogen, das erhaltene Gestühl und andere, zeitgemäße Elemente – unter gleichzeitiger konstruktiver Sicherung des Bauwerks – zu neuer Nutzung führen. Erst 1939 folgte dann die Wiederherstellung des ursprünglichen Raumeindrucks. Ein historisierender Tafelaltar in Triptychonform wurde auf den Altartisch gestellt; ein Kruzifix aus der Zeit um 1700 kam im Tausch für Grabbeigaben aus freigelegten Gräbern der Patronatsfamilie von Wilmerstorff, die dem Märkischen Museum übergeben wurden, von dort. Das Kruzifix ist heute einziger historischer Schmuck der Kirche. Eine Gedenktafel unter der Empore erinnert an die Familie von Wilmerstorff, deren Gräber man nach 1939 wieder gänzlich geschlossen hatte.

Der Breiten und der Berkaer Straße folgen wir bis zum Elsterplatz. Vierhundert Meter rechts am Hohenzollerndamm steht auf der rechten Seite die 1927/29 erbaute **Kreuz-Kirche (18)** der Architekten Ernst und Günther Paulus. Sie kann als ausdrucksstärkstes Beispiel expressionistischen Kirchenbaus in und um Berlin gelten; die verwendeten Details, handwerklich und entwurflich kühn, stehen denen der berühmten nordwestdeutschen Architektur Bernhard Hoetgers und Fritz Högers nicht nach. Die Vorhalle aus blauglasierter Keramik ist von Felix Kupsch gestaltet; sie erinnert an südostasiatische Bauten. Bemerkenswert ist an der Gebäudestruktur die Anlage des Turmriegels und der Zentralkirche mit dem dazwischen vermittelnden Kreuzweg.

Während die Raumarchitektur besonders durch Ornament- und Farbwahl eher mystisch-feierliche Stimmungen hervorruft, wurde die Anlage der Predigtkirche als achteckiger Zentralraum den Ansprüchen der Zeit in höchstem Maße gerecht. Außerdem wurde unter der Kirche – ermöglicht durch die Hangsituation des Grundstücks – erstmals ein großer Gemeindesaal mit Nebenräumen angelegt; in den folgenden Jahrzehnten verwirklichte man diese Anordnung – den schon vor dem Ersten Weltkrieg gemachten Anregungen Otto Bartnings folgend – vermehrt in Berlin.

Wedding
Tiergarten
Charlottenburg

(etwa 37 km)

Der Weg beginnt am Gesundbrunnen, an der Ecke der Bad- und der Pankstraße, unweit des „Luisenbades", das dem Viertel seinen Namen gab, und unmittelbar an der U-Bahnstation Pankstraße. Auch der S-Bahnhof Gesundbrunnen ist nicht weit entfernt. Etwa ab 1750 gab es nördlich des Gutshofes Wedding, der seit 1601 etwa im Bereich des heutigen Nettelbeckplatzes lag, den „Friedrichs-Gesundbrunnen". Den Namen der Königin Luise erhielt die Heilquelle mit den Brunnenanlagen erst 1799. Schon vor 1800 waren die ersten geschlossenen Ansiedlungen vor den nördlichen Toren Berlins entstanden. Sie lagen vor allem zwischen der heutigen Wilhelm-Pieck-Straße (Ost-Berlin) und dem Humboldthain. Ab 1830 wuchsen diese zunächst dörflichen Kolonien zu regelrechten Vorstädten zusammen. Allerdings führte das rasche Wachstum der Stadt dazu, daß man in großer Eile billige Wohnquartiere baute. Um die Bewohner der neuen Viertel seelsorglich zu betreuen, waren zwei große Kirchen geplant. Sie sollten vor dem Rosenthaler Tor – Ecke Invaliden-/Brunnenstraße (heute Ost-Berlin) – und auf dem heutigen Weddingplatz entstehen. Karl Friedrich Schinkel (1781–1841) legte für diese Bauten fünf Entwürfe mit Kirchräumen vor, in denen 2 000 bis 2 500 Menschen Platz gehabt hätten. Für die großen Kirchbauten zu Ende des 19. Jahrhunderts hatten diese nicht verwirklichten Entwürfe Schinkels von 1828/29 Schlüsselfunktion, auch wenn viele der späteren Architekten keine innere Verbindung zur Schule Schinkels mehr hatten.

St. Pauls-Kirche (1)

Eine Cholera-Epidemie 1831/32 veranlaßte König und Kirchenleitung, die Bauten, von denen der vor dem Rosenthaler Tor bereits begonnen war, zu ändern. Statt zwei großer wurden vier kleine Kirchen errichtet: die

St. Pauls-Kirche

St. Elisabeth-Kirche vor dem Rosenthaler Tor, die St. Johannis-Kirche in Moabit, die (alte) Nazareth-Kirche am späteren Leopoldplatz und die St. Pauls-Kirche am Gesundbrunnen, vor der wir nun stehen. Allen vier Kirchen liegen dieselben Strukturmerkmale zugrunde. Schinkel variierte lediglich die stilistische Ausformung. Während St. Elisabeth des bereits begonnenen Baus wegen die größte unter den vier Kirchen ist, weichen die drei in West-Berlin erhaltenen Bauten in ihren Dimensionen nicht voneinander ab. Alle vier Gotteshäuser wurden im Sommer 1835 eingeweiht.

Die St. Pauls-Kirche ist – wie St. Elisabeth – als verputzter Ziegelbau in Formen der römischen Antike ausgeführt. Während die größere Kirche vor dem Rosenthaler Tor einen Pfeilerportikus als Vorhalle besitzt, wurde dieser kleinere Bau ursprünglich ohne jeden Anbau als rechteckiger Körper mit flachem Satteldach und schmaler halbrunder Apsis ausgeführt. Dies sind zugleich die wesentlichen Teile der beiden anderen, kleineren „Normalkirchen" Schinkels; im Inneren ist der Saal bei allen durch die Apsis ergänzt, während sich vor und hinter den beiden Längsemporen an den Seiten Eckräume be-

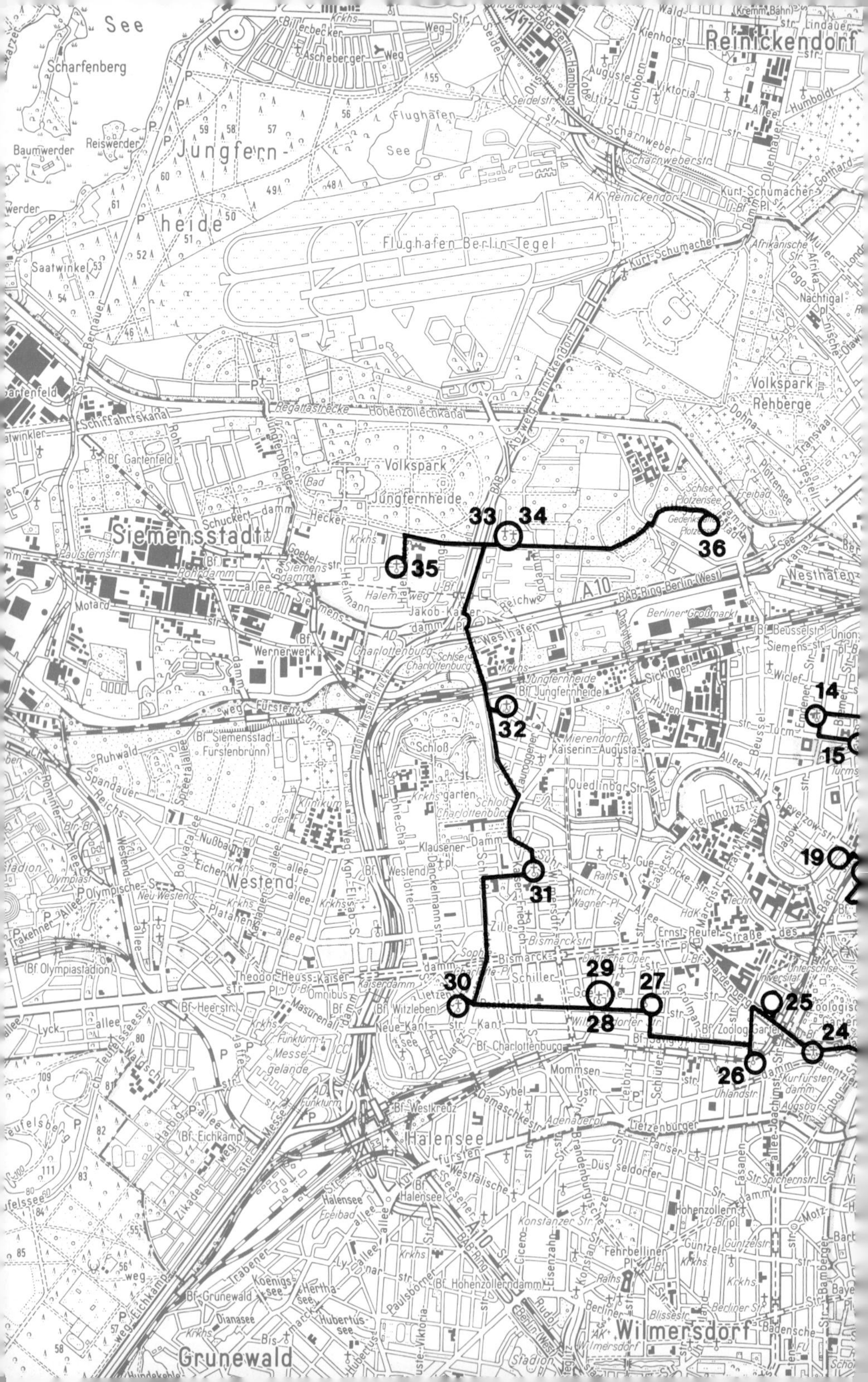

Reinickendorf
Scharfenberg
Jungfern-
heide
Flughafen Berlin-Tegel
Flughafen
See
Volkspark
Rehberge
Volkspark
Jungfernheide
Siemensstadt
Westhafen
Berliner Großmarkt
Schloß
Westend
Halensee
Wilmersdorf
Grunewald
Charlottenburg
Kaiserdamm
Bismarckstr.
Hohenzollernkanal
BAB-Ring Berlin (West)
14
15
19
24
25
26
27
28
29
30
31
32
33
34
35
36

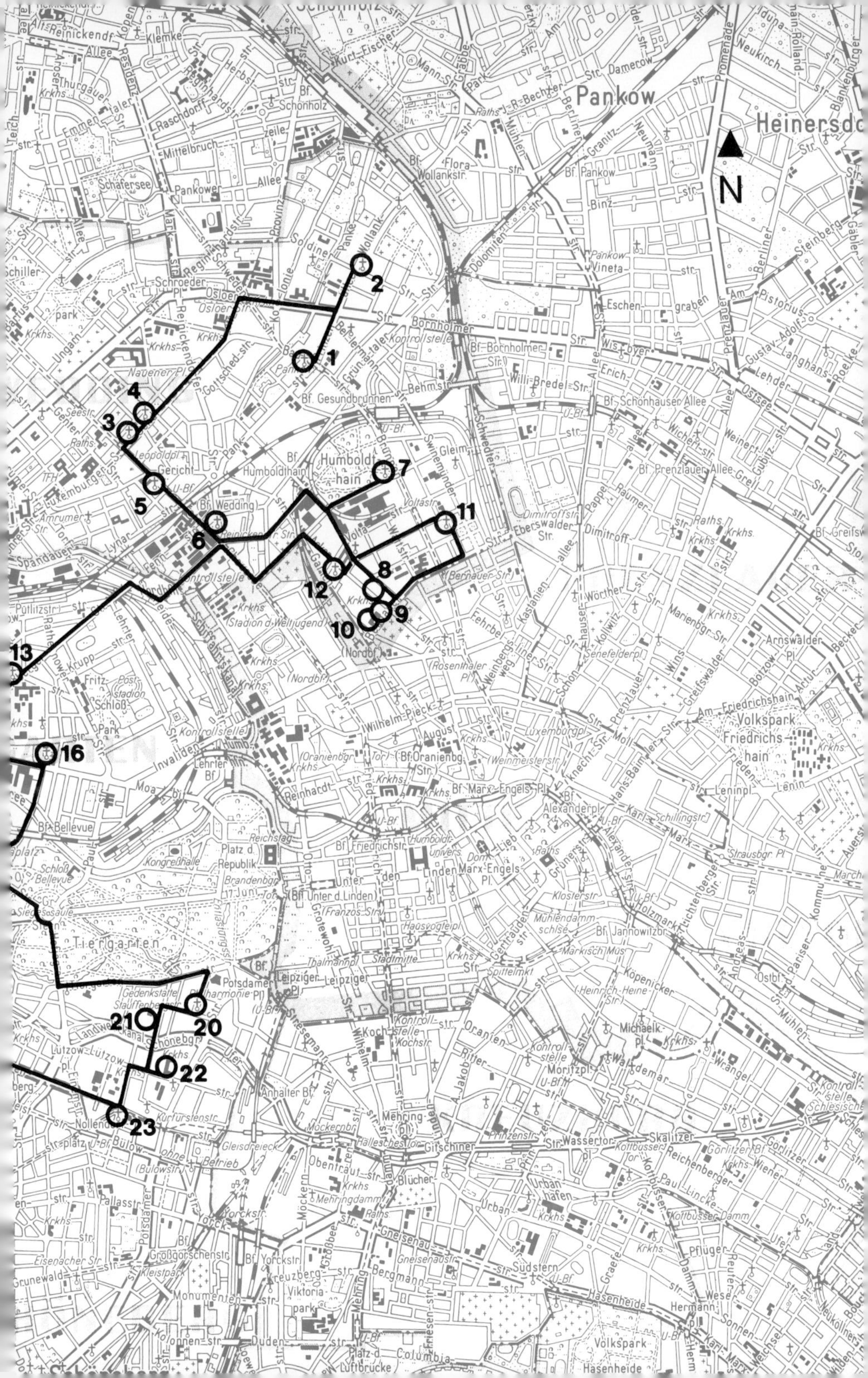
Pankow
Heinersdo
N
1
2
3
4
5
6
7
8
9
10
11
12
13
16
20
21
22
23
Humboldt-hain
Volkspark Friedrichshain
Tiergarten
Volkspark Hasenheide
Bf. Pankow
Bf. Bornholmer Str.
Bf. Gesundbrunnen
Bf. Schönhauser Allee
Bf. Prenzlauer Allee
Bf Wedding
Bf. Friedrichstr.
Bf. Marx-Engels-Pl.
Alexanderpl.
Bf. Jannowitzbr.
Ostbf.
Lehrter Bf
Bf Bellevue
Anhalter Bf.
Bf Yorckstr.
Potsdamer Pl.
Reichstag
Platz d. Republik
Kongreßhalle
Brandenbgr. Tor
Unter den Linden
Leipziger
Hallesches Tor
Gitschiner
Skalitzer
Kottbusser Tor
Südstern
Hermann-pl.
Kreuzberg Viktoria-park
Platz d. Luftbrücke
Columbia
Hasenheide
Schönholz
Kontrollstelle
Bornholmer Str.
Bernauer Str.
Wilhelm-Pieck-
Karl-Marx-
Schillerpark
Schäfersee
Mehringdamm
Kochstr.
Moritzpl.
Oranien-
Nollendorf-platz
Bülow-
Lützow-pl.
Landwehr-Kanal
Spittelmkt
Stadtmitte

finden, in denen hinten die Emporentreppen, vorn Nebenräume Platz haben. In den Längsfassaden ist dies klar erkennbar: der Kirchsaal besitzt oberhalb der Emporen vier große, darunter vier kleine rechteckige Fenster; die Eckräume sind unten und oben durch Fenster der kleinen Ordnung markiert, die auch unter den Emporen Licht geben. Zwischen diesen Eckausbildungen ist hinten der Orgelchor mit einem Vorraum darunter und vorn ein verlängerter Chorraum angelegt. Zwar ist diese Raumstruktur in der St. Pauls-Kirche erhalten; nach erheblichen Zerstörungen im Zweiten Weltkrieg wurde der Raum jedoch bis 1952 nach Entwürfen von Hans Wolff-Grohmann modern ausgestaltet, so daß die „antikische" Formensprache Schinkels heute nur noch außen vorhanden ist. Der Apsisumgang wurde 1885 als Sakristei, der campanileartige Turm 1889/90 errichtet; das Gemeindehaus und die Brauthalle als Bindeglied zwischen Kirche und Gemeindehaus entstanden 1910.
Bemerkenswert ist an dieser Kirche, daß Schinkel das Prinzip der „Wahrhaftigkeit" seiner Architektur, das an den anderen Kirchen deutlich wird, in der vorderen Giebelfassade nicht durchgeführt hat: hinter den beiden seitlichen Portalen, die anscheinend mit dem mittleren zusammen in die Kirche führen, befinden sich lediglich die Emporentreppen.

Ein kurzer Abstecher nach Norden, die Prinzenallee entlang, führt uns nach einem Kilometer zur kathedralartig aufragenden **Stephanus-Kirche (2).** Sie wurde 1902/04 nach Plänen von Baurat Bürkner errichtet; bis 1905 gehörte sie noch zur St. Pauls-Kirchengemeinde. Die Kirche zeigt freie, schlüssig und überzeugend wirkende Verwendung gotischer Elemente, wobei der Backsteinbau durch die ‚unkonventionelle' Anlage des auf die Straßenecke gesetzten, nicht axialen Turms und des in der Straßenflucht angebauten Gemeindehauses auffällt. Das Innere ist mit der ersten Orgel und einem der größten erhaltenen Radleuchter auch über die Zeit des Zweiten Weltkriegs und die Epoche der Purifizierungen in den fünfziger Jahren hinweggekommen. Abgesehen von übermalten Wandbildern und dem Fehlen der ursprünglichen Bleiverglasungen kann dieser Raum noch in seinem ursprünglichen Zustand erlebt werden.
Über die Prinzenallee zurück bis zur Osloer Straße wenden wir uns nach rechts und biegen am U-Bahnhof Osloer Straße links in die Schulstraße ein. Diese verfolgen wir – zwei U-Bahnstationen weit – bis zum Leopoldplatz.

Alte Nazareth-Kirche

Alte Nazareth-Kirche (3)

Hier, an der Chaussee zwischen Berlin und Oranienburg, wurde eine weitere der vier Vorstadtkirchen Schinkels gebaut. Zusammen mit den anderen im Sommer 1835 eingeweiht, sollte sie später durch Friedrich August Stüler (1800–1865) um ein Pfarrhaus, einen Glokkenturm und verbindende Arkaden ergänzt werden. Eine ähnliche Anlage wurde bei St. Johannis tatsächlich verwirklicht. Die Nazareth-Kirche blieb jedoch äußerlich im wesentlichen so erhalten, wie sie erbaut wurde. Schinkel hatte für die beiden Ziegelrohbau-Kirchen Nazareth und St. Johannis einen „mittelalterlichen" Stil gewählt; es ist die Grundform dessen, was in der Schinkelschule im Verlauf des 19. Jahrhunderts als „Rundbogenstil" entwickelt wurde. Altchristliche Motive und Elemente oberitalienischer „byzantinischer" Romanik wurden geradezu „Markenzeichen" der kubenhaft geschlossenen Bauten Schinkels und seiner Schüler. Die Struktur des ursprünglichen Innenraums

ist in den Fassaden ablesbar: der Kirchensaal selbst ist zweigeschossig mit großen Rundbogenfenstern oben und kleinen darunter, während die Eckräume ganz kleine Fenster aufweisen. Die kubische Strenge dieser Entwurfsreihe Schinkels wird an dieser Kirche besonders deutlich.
Nachdem 1889/93 die Neue Nazareth-Kirche für die Gottesdienste der stark angewachsenen Gemeinde gebaut worden war, zog man 1906 in diesen alten Bau eine Zwischendekke in Höhe der Emporen ein. Das Erdgeschoß erhielt zur besseren Belichtung weitere Rundbogenfenster, die zwischen den Achsen der Hauptfenster – über den Emporen – angelegt wurden. Außerdem errichtete man hier – wie bei St. Pauls – einen Apsisumgang für Nebenräume. Der „Schinkel-Saal" in Höhe der Emporen wurde Anfang der achtziger Jahre nach den Entwürfen Schinkels in einer Achse originalgetreu ausgemalt. Renoviert, dient er heute sowohl als Gemeindesaal wie auch als Stätte kultureller Veranstaltungen des Bezirkes Wedding.

Auf dem rückwärtigen Teil des Leopoldplatzes steht seit 1889/93 die von Max Spitta entworfene **Neue Nazareth-Kirche (4).** Im Gegensatz zur Stephanus-Kirche ist das Gebäude symmetrisch angelegt und besitzt hintereinander einen Turm, eine dreischiffige Halle, Kreuzarme und einen rechteckigen Chor. Auch sind die Stilelemente der Neugotik hier weniger phantasievoll mit zeitgemäßen Gebäudestrukturen verbunden, obwohl die von märkischen Kirchen abgeleiteten gotischen Motive große Plastizität besitzen. Das Innere wurde nach dem Zweiten Weltkrieg wenig einfühlsam vereinfacht.
Die Kirche zählt zu den Bauten, die wegen ihrer Größe im Verhältnis zur Gemeindegliederzahl von den Kirchengemeinden nicht mehr angemessen unterhalten werden können. Ihr baulicher Zustand läßt dies erkennen. Zur dauerhaften Sicherung des Bauwerks könnte möglicherweise eine Mitnutzung durch andere Träger beitragen.
Auf der Müllerstraße kommen wir – links abgebogen – nach dreihundert Metern an der katholischen **St. Joseph-Kirche (5)** vorbei. Sie wurde 1907/09 nach Entwürfen des Benediktiners Ludgerus aus Maria Laach errichtet und stellt in ihrer neoromanischen Ausformung ein Baubeispiel der Beuroner Kunstschule dar. Der 1944 als Blutzeuge des Glaubenskampfes der Kirchen im „Dritten Reich" in Brandenburg hingerichtete Stifter der Una-Sancta-Bruderschaft, Dr. Max Josef Metzger, war der Begründer des benachbarten Pius-Stiftes.
Weitere fünfhundert Meter entlang der Müllerstraße Richtung Südosten erreichen wir den Weddingplatz mit der **Dankes-Kirche (6).** Der 1970/72 nach Plänen von Fritz Bornemann errichtete Stahlbetonbau ersetzte eine der Notkirchen Otto Bartnings, die 1950/51 an der Grenzstraße gebaut wurde. Sie dient dort heute als Kapelle auf dem Dorotheenstädtischen Friedhof. Im Zweiten Weltkrieg war hier, auf dem Weddingplatz, die 1882/84 gebaute, von August Orth entworfene Dankes-Kirche zerstört worden. Ihren Namen erhielt die Kirche, die sich an dieser Stelle befand, wo eigentlich eine der großen Vorstadtkirchen Schinkels entstehen sollte, nachdem zwei Anschläge auf das Leben Kaiser Wilhelms I. fehlgeschlagen waren. Orth errichtete hier, ähnlich der ehemaligen Himmelfahrt-Kirche, der Kreuzberger Emmaus-Kirche und der in Ost-Berlin erhaltenen Zions-Kirche, einen Monumentalbau in dekorativen ‚Spätformen' des Rundbogenstils, dem Elemente der Renaissance eine an oberitalienische Überformungen romanischer Kirchen erinnernde Pracht verliehen.
Durch die Schulzendorfer Straße – vorbei an der erwähnten Notkirche Bartnings – und durch die Grenzstraße kommen wir an den Humboldthain. Wie biegen rechts in die Hussitenstraße ein – links, in der Gustav-Meyer-Allee, steht die neue **Himmelfahrt-Kirche (7)** Otto Bartnings. Sie entstand 1954/56 als Ersatz für die 1890/93 durch August Orth errichtete erste Kirche dieses Namens, die im Zweiten Weltkrieg zerstört wurde. Am Ende der Hussitenstraße stehen wir dann vor der Mauer zwischen Ost- und West-Berlin.
An der Rückseite des letzten Baublocks der Hussitenstraße, Ackerstraße 52, befand sich die traditionsreiche **„Schrippenkirche" (8).** Der Verein „Dienst an Arbeitslosen" von 1882 gab hier in einem umgebauten Wohnhaus im Zusammenhang mit Gottesdiensten Mahlzeiten an Bedürftige aus. Anstelle des 1981 abgerissenen Komplexes steht heute ein Bau des „Vereins Schrippenkirche", der neben Wohnungen auch karitative Einrichtungen enthält.
In der Bernauer Straße, hinter der Einmündung der Ackerstraße, steht das neue Gemeindezentrum der **Versöhnungs-Kirchengemeinde (9),** deren Gotteshaus als Tochter von Schinkels St. Elisabeth-Kirche 1892/94 nach Plänen von Baurat Möckel gegenüber

der Einmündung der Hussitenstraße entstand. Sie wurde im Winter 1984/85 gesprengt, nachdem sie lange Zeit im ansonsten bereits abgeräumten Grenzstreifen gestanden hatte. Das Gemeindezentrum wurde 1962/65 geschaffen, als durch die Teilung Berlins und den Bau der Mauer (1961) auch die Gemeinde zerrissen war.

Neben dem Zentrum steht das **Lazarus-Kranken- und Diakonissenhaus (10)**, das auf Initiative des Predigers der Elisabeth-Kirchengemeinde, Wilhelm Boegehold, 1865 mit einer schlichten Kapelle und einem Krankensaal begann. 1867/68 kam der erste Krankenhausbau dazu. Seit dem 1. Januar 1987 ist diese Klinik mit dem Paul-Gerhardt-Stift zum Krankenhaus Moabit verlegt.

Etwa achthundert Meter müssen wir der Bernauer Straße, entlang der Grenzmauer, nach Osten folgen und dann links in die Ruppiner Straße einbiegen. Kurz vor der Demminer Straße steht die **Friedens-Kirche (11)** als letzter Zeuge der bis in die siebziger Jahre im wesentlichen erhaltenen Bebauung dieses Viertels aus den siebziger und achtziger Jahren des 19. Jahrhunderts. Heute wird diese 1888/91 gebaute, von August Orth entworfene Straßenfrontkirche mit ihrem schmalen Staffelgiebel und den signifikanten flankierenden Spitzhelmen von Wohnungsbauten der „Kahlschlagsanierung" der siebziger Jahre umgeben. Die Kirchengemeinde nutzt dieses Bauwerk nicht mehr. Und doch verdient es, wegen seiner eigenwilligen, romantisch anmutenden Neugotik erhalten zu werden. Immerhin ist der Kirchensaal einschließlich seiner ausdrucksstarken ursprünglichen Prinzipalstücke und einer Orgel aus den dreißiger Jahren erhalten.

Über die Demminer und die Usedomer Straße kommen wir zurück zur Hussitenstraße. Wenige Meter darüber hinaus erreichen wir durch die Feldstraße die katholische **St. Sebastian-Kirche (12)** auf dem Gartenplatz.

Diese natursteinverkleidete neugotische Kirche ist das älteste katholische Gotteshaus in den nördlichen Vorstädten; der „Monumentalbau", der dem Wedding „zur Zierde gereichen" sollte, wurde 1893 durch Max Hasak errichtet. Die Kirche ist streng axial angeordnet; jedoch wurde das Langhaus mit den außen deutlich abgesetzten Querschiffen und dem Chor zu einem bemerkenswerten Zentralraum zusammengefaßt, wobei die Joche der Seitenschiffe Kapellenfunktion haben. Die Architekturauffassung dieser repräsentativen Kirche findet sich in Berlin nur noch einmal: an der ehemaligen Neuen Garnison-Kirche auf dem Südstern, die 1893/96 von Roßteuscher gebaut wurde.

Über die Acker-, die Liesen- und die Chausseestraße gelangen wir abermals zum Weddingplatz. Dort biegen wir links in die Sellerstraße. Nach der Überquerung des Nordhafens wenden wir uns rechts in die Heidestraße und dann links in die Perleberger Straße. Nach etwa eineinhalb Kilometern erreichen wir im Zuge dieser Straße die **Heilige-Geist-Kirche (13).** Seit 1905/06 wird hier in dem an der Ecke Birkenstraße errichteten Gotteshaus die Tradition der mittelalterlichen Kapelle des Heilig-Geist-Spitals am ehemaligen Spandauer Tor (Bezirk Mitte; heute Mensa des Wirtschaftswissenschaftlichen Instituts der Humboldt-Universität) fortgesetzt. August Dinklage und Ernst Paulus entwarfen dieses sechseckige Bauwerk. Außer der Besonderheit des Grundrisses – ein ehemaliger Kohlenlagerplatz an der Ecke setzte dem Bau enge Grenzen – ist die freie Auffassung neugotischer Stilelemente bemerkenswert. Sie wirken hier weniger durch dekorative, tief gestaffelte Üppigkeit, sondern durch flächenhafte Durcharbeitung der Fassaden der einzelnen ungewöhnlich geformten, geschlossenen Baukörper. Der Turmgrundriß wiederholt die Sechseckform des „Schiffes". Der Turmhelm ist ohne Giebel sechsseitig massiv aufgemauert. Interessant der erhaltene Innenraum: die zentrale Anlage der Predigtkirche erhält ihre Ausrichtung durch eine anmutige, dekorativ akzentuierte Anlage von Altar mit Taufe und Kanzel und darüber der ebenfalls erhaltenen ersten Orgel.

Am Ende der Perleberger Straße biegen wir links in die Stromstraße ein. Wir verlassen sie gleich wieder rechts und folgen der Bugenhagen- und Waldenserstraße etwa vierhundert Meter. An der Oldenburger Straße steht hier die 1893 nach Entwürfen von Engelbert Seibertz gebaute katholische **Dominikaner-Klosterkirche St. Paulus (14).** Die neugotische Backsteinkirche, deren besonders feingliedrige und wenig aufwendige Gestaltung durch grünglasierte Formziegel den Fassaden freundliche ornamentale Akzente verleiht, ist als dreischiffige Hallenkirche mit Polygonalchor und kurzen Querschiffen konzipiert. Die niedrigen Fronttürme und der dazwischenliegende Giebel erinnern an Klosterkirchen märkischer Gotik. Der Architekt Seibertz entwarf auch die größte katholische Kirche West-Berlins, die St. Matthias-Kirche am Winterfeldtplatz in Schöneberg.

Am Südende der Oldenburger Straße biegen wir links in die Turmstraße ein; schon nach zweihundert Metern ragt neben uns der mächtige, 87 Meter hohe Turm der **Heilands-Kirche (15)** auf. Sie wurde 1892/94 gebaut. Ihr Entwurf stammt von Friedrich Schulze. Der neugotische Backsteinbau ist durch die außergewöhnlich gestreckten Vertikalen bemerkenswert: der überhöhte Spitzhelm des Turms erhielt große Bedeutung für die Stadtgestalt. Die kubischen Außenformen des kreuzförmigen Zentralbaus mit seinen Zwikkeltürmen in den Innenecken der Schiffe und den seitlichen Kapellen- und Sakristeibauten wurden, nach schweren Beschädigungen im Zweiten Weltkrieg, stark vereinfacht wiederhergestellt; der Innenraum ist auch in der schlichten Wiederaufbaufassung durch seine große Höhe eindrucksvoll.
Die Mutterkirche aller Moabiter Gemeinden erreichen wir nach sechshundert Metern auf der Straße Alt-Moabit; die St. Johannis-Kirche steht dort gegenüber der Einmündung der Kirchstraße.

St. Johannis-Kirche

St. Johannis-Kirche (16)

Diese Kirche wurde am 21. Juni 1835 eingeweiht. Ihr Namenspatron ist Johannes der Täufer. Das umliegende „Moabiter Land“ war unter Friedrich I. von Hugenottenfamilien besiedelt worden; seit etwa 1800 entstand auch hier eine westliche Vorstadt vor den Toren Berlins. Die Kirche wich bereits zu Anfang durch bemerkenswerte Details von den anderen drei Vorstadtkirchen Schinkels ab: vor allem besaß sie ein innen sichtbares Dachtragwerk. Dieses mit allen anderen hölzernen Elementen der Kirche im Zweiten Weltkrieg zerstörte Tragwerk wurde 1952–1957 beim Wiederaufbau durch Otto Bartning und Werry Roth andeutungsweise, mit modernen Mitteln, wiederhergestellt. Friedrich August Stüler ergänzte die im „mittelalterlichen“ Stil gehaltene Kirche 1851–1853 durch weitere Bauten. Ein Arkadengang verbindet seitdem die zugehörige Schule (rechts) und das Pfarrhaus (links) sowie den an das Pfarrhaus anschließenden Campanile (Glockenturm) mit der Kirche. Terrakottareliefs schmücken die Arkaden und deren mittleren Portikus, der die schlichte, geschlossen wirkende Kirche ziert und optisch öffnet.
1895/96 mußte die Kirche vergrößert werden, obwohl ein Jahr zuvor die Heilands-Kirche als weitere Predigtstätte vollendet worden war. Max Spitta, Architekt der Neuen Nazareth-Kirche, entwarf ein Querschiff anstelle des Chorraums mit der Halbkreisapsis. Hinter diesen neuen Riegel setzte er eine Kopie des alten Chor-Apsis-Schlusses. In der nun mehr als doppelt so viel Gläubigen Platz bietenden Kirche verbanden sich die kubischen, geometrisch strengen Formen Schinkels mit den monumentalen Dimensionen der Kirchenbauten um 1890. Der Wiederaufbau von 1952/57 zeigt anstelle des Apsisschlusses einen vierten Giebel, hinter dem in mehreren Geschossen Gemeinderäume liegen. Der Altarraum ragt nur wenig in diesen vierten Arm der Kirche hinein. Die entstandene Anlage ist äußerlich sowohl in ihren Größenverhältnissen und ihrer Gesamtdimension als auch in ihren einzelnen Elementen im wahrsten Sinne ‚über Schinkel herausgewachsen‘. Dies ist allerdings nicht qualitativ gemeint.
Das neue Innere wird von einer Triumphkreuzgruppe aus der Berliner Franziskaner-Klosterkirche beherrscht, die über der Altarmensa angebracht ist. In der Klosterkirche hatte sie ihren Platz auf einem Triumphkreuzbalken, der anstelle eines Lettners im Vorchorjoch des Mittelschiffes über den Schildbögen zu den Seitenschiffen angebracht

Kreuzigungsgruppe St. Johannis-Kirche

war. Die spätgotischen Figuren stehen heute enger zusammen als ursprünglich auf dem Balken; das Balkenkreuz, an dem der Gekreuzigte hängt, ist modern.

Durch die Kirchstraße und die Bartningallee gelangen wir zum Hansaplatz. Dort befindet sich die katholische **St. Ansgar-Kirche (17).** 1957 nach Plänen von Wilhelm Kreuer errichtet, war sie im Rahmen der damaligen Internationalen Bauausstellung als Teil des Hansaviertels städtebaulich konzipiert. In unmittelbarer Nachbarschaft entstand damals auch die neue **Kaiser-Friedrich-Gedächtnis-Kirche (18)** in der Händelallee, und zwar nach Plänen von Ludwig Lemmer. Im Gegensatz zur St. Ansgar-Kirche, die an die Stelle einer im Kriege zerstörten Notkirche trat, hatte dieses evangelische Gotteshaus eine beachtenswerte Kirche der Gründerzeit zur Vorläuferin. Diese war 1892–1895 unter der Leitung des Architekten Johannes Vollmer errichtet worden, der auch an den Entwürfen für die Trinitatis-Kirche in Charlottenburg beteiligt war. In seinen frühgotischen Stilzitaten versuchte der neugotische Bau durch eine Mischung ziegelroter Flächen und verputzter konstruktiver Teile, mit Gewänden und Formsteinornamentik in hellem Material das „Hanseatische" dieses Stadtviertels (des „Hansaviertels") zu unterstreichen. Bemerkenswert an der heutigen Kirche ist die Vielzahl der Arbeiten nahmhafter Künstler der fünfziger Jahre: Außer den Portalen mit Gestaltungen von Gerhard Marcks findet man hier vor allem Glasfenster von Heinz Trökes, Ludwig Peter Kowalski, Georg Meistermann und Willy Fries.

Nördlich der S-Bahn erhebt sich unweit vom Hansaplatz an der Ecke Altonaer-/Bachstraße das 1968–1971 nach Plänen von Hans Christian Müller und Georg Heinrichs erbaute Gebäude des **Konsistoriums der Evangelischen Kirche in Berlin-Brandenburg (Berlin West) (19).** Der Stahlbeton-Skelettbau mit Aluminium-Fassadenbekleidung beherbergt den Amtssitz des Bischofs, das Büro der Synode, Dienststellen der Kirchenleitung und der kirchlichen Hauptverwaltung. Hier sind, als Mieter, auch Einrichtungen der evangelischen Publizistik ansässig: Das Berliner Sonntagsblatt, der Evangelische Pressedienst, der evangelische Rundfunkdienst, der Wichern-Verlag.

Über die Altonaer Straße, den Großen Stern, die Hofjägerallee und durch die Tiergartenstraße kommen wir zum Berliner Kulturforum. Zuvor führt uns unser Weg am katholischen Canisiuskolleg vorbei, das in den Räumen eines ehemaligen Repräsentationsbaus der Firma Krupp untergebracht ist, der 1938 nach Plänen von Paul Mebes und Paul Emmerich entstand, vorbei auch an den ehemaligen Botschaften Japans und Italien. Beide Bauten, die 1938 beziehungsweise 1940/41 errichtet wurden, sind zur Zeit im Wiederentstehen. Sie sollen künftig ein japanisches Kulturzentrum und die (noch zu gründende) West-Berliner Akademie der Wissenschaften aufnehmen. An das „Gesandtschafts-" schließt sich das ehemalige „Geheimratsviertel" an. Der ganze Charakter dieses Viertels hat sich geändert. Schon 1938/39 griff man im Zuge der „Neugestaltung der Reichshauptstadt" tief in die hier vorhandene Bausubstanz ein, und in den sechziger Jahren räumte man die Wohnbebauung endgültig ab.

Doch hinter der Philharmonie Hans Scharouns aus den Jahren 1960 bis 1963, die inzwischen durch das Musikinstrumentenmuseum und den Kammermusiksaal erweitert wurde, erhebt sich der älteste Bau des Viertels, der glücklicherweise auch erhalten blieb: die

St. Matthäus-Kirche (20)

Seit über 25 Jahren entsteht das Berliner Kulturforum, begonnen mit Scharouns Philharmonie und Mies van der Rohes Nationalgalerie, eingefaßt durch die Staatsbibliothek von Hans Scharoun sowie - gegenüber - durch die Museumsbauten Rolf Gutbrods vom Anfang der achtziger Jahre. In seiner Mitte, auf dem noch immer in seinen historischen Umrissen erkennbaren Matthäikirchplatz, steht die 1846 eingeweihte Kirche des ehemaligen „Geheimratsviertels" vor dem Potsdamer Tor Berlins. Friedrich August Stüler hatte den Bau in Formen des Rundbogenstils der Schinkelschule entworfen, wandte hier aber erstmals neue Konzepte an, um den Erfordernissen protestantischer Predigtkirchen zu genügen. So entstand mit den Geldern des Kirchbauvereins, der sich 1843 konstituiert hatte und dem berühmte Schriftsteller, Geheimräte und preußische Staatsbeamte als erste Gemeindeglieder der „Potsdamer Vorstadt" angehörten, eine Kirche, die den Bedürfnissen ihrer Zeit entsprach und die verwendeten Zitate oberitalienischer Romanik nicht historisierend, sondern als dekoratives Ausdrucksmittel einer ganz neuen Kirchbaustruktur wirken läßt.

Zugleich war sie damals die erste unter den später zahlreichen Berliner Platzkirchen: Der Matthäikirchplatz war von Anfang an als Anlage mit einer Straßenachse von Nord nach Süd, der Matthäikirchstraße, geplant. Seit den sechziger Jahren des 19. Jahrhunderts wurde er von den für die Zeit typischen drei- bis viergeschossigen Wohnhäusern mit klassizistisch-dekorativen Fassaden gesäumt. Ein Pfarr- und Gemeindehaus an der Südostecke des Platzes errichtete Stüler wenige Jahre später in derselben stilistischen Grundhaltung. Seit der Durchführung der Sigismundstraße zwischen Potsdamer Straße und Kirche gehört dieses Grundstück zum Straßenland.

Der bei diesem Gotteshaus zierlich und beinahe gekünstelt wirkende Rundbogenstil wurde von Stüler durch Elemente angereichert, die zu den freien Formen des Eklektizismus überleiten: Der Turm ist nicht mehr als separater Campanile, sondern als zentral vor das breitere Mittelschiff gestellter, spitzbehelmter Glockenturm dargestellt; der beinahe noch ‚Schinkelschen' kubischen Halle mit ihren drei Schiffen – die außen klar erkennbar sind – sind die der oberitalienischen Romanik entlehnten Pastophorien (die kleinen Kapellen) und die Apsis des Hauptschiffes als reine Stilzitate angefügt.

St. Matthäus-Kirche

Das Innere der Kirche wurde nach seiner weitgehenden Zerstörung (1945) in modernen Formen durch Jürgen Emmerich wiederhergestellt (1956–1960). Die alte Dreischiffigkeit blieb erhalten. Auch die modern gestaltete Stützenfolge zwischen den Schiffen und die unterschiedliche Deckengestaltung der Schiffe entspricht dem Ansatz Stülers. Materialwahl der Oberflächen und Ausstattung des Raumes atmen jedoch ganz den Geist der späten fünfziger Jahre. Der Altar, den heute ein Kruzifixus von Gerhard Schreiter optisch beherrscht, hatte zwei Vorgänger: zunächst einen von Stüler entworfenen schlichten Tisch unter einem Christusmosaik, das dem hellen, schlichten Inneren der alten Kirche nicht angemessen war. Tisch und Mosaik wurden dann durch ein dreiteiliges Altarbild von Carl Hermann ersetzt, dessen Mittelteil in Ost-Berlin erhalten ist. Ein ‚auferstandener Schmerzensmann', eine mittelgroße Schnitzfigur aus der Riemenschneiderschule, befindet sich heute an einem Mittelschiffpfeiler.

In dieser Kirche begann der Werdegang eines der Köpfe des christlichen Widerstandes im „Dritten Reich“: Hier, in unmittelbarer Nähe der Stätte, wo der bürgerlich-militärische Widerstand eine seiner wichtigsten Zentralen im Zweiten Weltkrieg aufbaute, wurde am 15. November 1931 Dietrich Bonhoeffer (1906–1945) ordiniert.

Nur dreihundert Meter durch die Sigismundstraße und links in die **Stauffenbergstraße** führt uns der Weg zu der erwähnten Stätte des Widerstandes. Im sogenannten „Bendlerblock“, genannt nach dem ursprünglichen Namen der Straße, baute der Stabschef beim Kommandeur des Ersatzheeres der Wehrmacht, Claus Schenk Graf von Stauffenberg, die mit dem christlich orientierten Kreisauer Kreis eng verbundene Widerstandszentrale auf, in der unter seiner Initiative das Attentat des 20. Juli 1944 auf Hitler geplant wurde, das Stauffenberg dann ausführte. Das Haus wurde 1938 an das alte Reichsmarineamt angefügt und beherbergte zusammen mit diesem 1911/14 von Reinhardt und Süssenguth errichteten Hauptgebäude am Landwehrkanal im „Dritten Reich“ zunächst das Reichswehrministerium und nach 1935 das Oberkommando der Wehrmacht. In beiden erhaltenen Bauteilen sind heute Bundesbehörden untergebracht. In den Räumen der Leitung des Ersatzheeres befindet sich seit 1986 eine umfassende **Gedenkstätte Deutscher Widerstand (21),** deren ständig erweiterte Dokumentationen auf Ausstellungen und in Informationsseminaren präsentiert werden. Im Hof des „Bendlerblocks“ wurden am Abend des 20. Juli 1944 die fünf führenden Offiziere des Umsturzversuches erschossen; eine Gedenktafel an der Stelle der Hinrichtung und eine Jünglingsstatue in der Mitte des Hofes, 1954 von Richard Scheibe geschaffen, erinnern daran und sind jährlich Ort von Gedenkfeiern am 20. Juli, bei denen aller Widerstandskämpfer jener Zeit gedacht wird.
Vorbei am Shellhaus an der Ecke Stauffenbergstraße/Reichpietschufer, 1930/32 von Emil Fahrenkamp errichtet, über die Bendlerbrücke im Zuge der Stauffenbergstraße – sie trägt noch den alten Namen – kommen wir auf die Südseite des Landwehrkanals. Wir gehen durch die Kluckstraße mit dem Jugendgästehaus, das 1961–1962 von Hans Christian Müller und Georg Heinrichs gebaut wurde. Dahinter, an der Lützowstraße, steht das älteste Krankenhaus West-Berlins, das 1837 von Johannes Goßner, Pfarrer an der böhmisch-lutherischen Bethlehems-Kirche, gegründet wurde. Der erste kleine Bau dieses **Elisabeth-Diakonissen- und Krankenhauses (22)** wurde im Zweiten Weltkrieg zerstört. Von dem neugotischen Krankenhaustrakt an der Lützowstraße, den Ludwig Ferdinand Hesse 1865/67 zusammen mit einer Kirche auf Bestreben des Generalsuperintendenten Büchsel errichtete, sind die beiden unteren Geschosse erhalten – dies ohne die Kirche und ohne den Mittelrisalit, an dessen Stelle heute die Zufahrt des Geländes den Bau zerschneidet. Die Kirche hatte Johannes Otzen 1886 aufwendig umgestaltet; ihre Ruine wurde in den fünfziger Jahren abgetragen. 1961/62 und in den siebziger Jahren wurde dieses evangelische Krankenhaus durch moderne Bauten für das Mutterhaus, für Schwesternappartements und für zeitgemäße krankenhaustechnische Einrichtungen erweitert. Das alte Mutterhaus neben den Resten des neugotischen Krankentraktes ist als einziger Teil aus dem 19. Jahrhundert unversehrt erhalten geblieben; es wird heute als Seniorenwohnhaus genutzt.
Wir überqueren den Magdeburger Platz diagonal; die Genthiner Straße führt uns direkt auf die **Zwölf-Apostel-Kirche (23)** zu. Diese wurde 1871/74 von Hermann Blankenstein und Julius Emmerich gebaut; Stüler hatte Entwürfe dazu gefertigt. Die dekorativ und strukturell konservativ konzipierte Kirche – die axial angeordneten Bauteile: Turm, dreischiffige Halle und Polygonalchor mit seitlichen Pastophorien entsprechen nicht mehr Stülers Anspruch an einen ‚neuen‘ Kirchenbau – knüpft noch an den Rundbogenstil der Schinkelschule an. Ähnlich wie in der Neuköllner Magdalenenkirche ist dies auf das Stilzitat begrenzt. Die kubischen Formen Schinkelschen Ansatzes wurden durch Strebepfeiler und den Spitzhelm des Turmes verunklärt. Die Kirche wurde nach geringen Schäden im Zweiten Weltkrieg durch Ludolf von Walthausen 1959 renoviert; ihr kreuzgewölbter Innenraum ist in der Walthausenschen Farbfassung und den alten Struktur- und Dekorationsmerkmalen erhalten.
Über die Kurfürstenstraße sowie am Platz vor dem Elefantentor des Berliner Zoologischen Gartens über ein Stück der Budapester Straße kommen wir an die **Kaiser-Wilhelm-Gedächtnis-Kirche (24)** auf dem Breitscheidplatz. Die alte Kirche, deren heute gründlich sanierter und gesicherter Hauptturm als stumpfe Ruine an die Zeit der Zerstörung gemahnt, war 1891/95 nach Entwürfen von Franz Heinrich Schwechten (1841–1924) errichtet worden. Der monumentale Bau war Er-

gebnis eines Architekten-Wettbewerbs. Kaiser Wilhelm II. (1859–1941) nahm wesentlichen Einfluß auf die Planung. Mit einem Hauptturm und vier Seitentürmen, einem Langhaus mit zwei Querarmen und anschließendem Chor war es einer der gewaltigsten und prächtigsten Kirchenbauten Deutschlands. Im Gegensatz zu den meisten anderen Kirchen, die um 1900 in Berlin entstanden, war diese Kirche nicht ziegelsichtig erbaut, sondern ihr Mauerwerk wies Natursteinverkleidung auf. Noch immer kann man an der Turmruine ihre rheinische Neoromanik bewundern, dies vor allem in ihrer 1986/87 restaurierten und der Öffentlichkeit zugänglich gemachten Turmhalle. Die erhaltenen Mosaiken mit den Darstellungen der Hohenzollernherrscher und die Reliefs darunter, in denen die militärischen Erfolge Wilhelms I. verherrlicht sind, sprechen eine uns Heutigen allerdings zumeist eher fremde Sprache. Die Mischung von säbelrasselnder, „heldenhafter" Herrscherpose mit christlichen Motiven mutet uns fragwürdig an. Aus Anlaß der Wiedereröffnung der restaurierten Halle überreichte Canon Paul Oestreicher im Namen der Kathedrale in Coventry das in der Ausstellung aufgestellte Nagelkreuz als kostbares Zeichen der Versöhnung und als verpflichtendes Friedensmahnmal.
Die neue Kirche wurde von Egon Eiermann geschaffen, der wesentliche erhaltene Teile, vor allem die Chorpartie mit den Osttürmen, der alten Kirche abreißen, den alten Hauptturm mit einem erhaltenen Fialturm hingegen stehen ließ und den neuen achteckigen Kirchensaal auf die andere Seite des Turmes stellte. Ein neuer Glockenturm in derselben Gestaltung wie die Oktogonkirche mit doppelschaligen Betonwaben und blauer Verglasung aus Chartres wurde an die Südkante des Plateaus gestellt, das sich anstelle des ehemaligen Kirchenschiffes östlich an den Hauptturm schließt. Zusammen mit der Saalkirche – Predigtstätte des Bischofs – und dem Glockenturm entstand 1960/61 das westlich der neuen Kirche gelegene Foyer: eine Anlaufstelle für bedrängte, in Not geratene Menschen. Eine Kapelle schließt die Baugruppe nordöstlich des neuen Turms ab.
Über ein kurzes Stück der Hardenbergstraße, den Hardenbergplatz vor dem Bahnhof Zoologischer Garten und unter dessen Bahnüberführung hindurch, kommen wir an der direkt hinter dem Bahnhof rechts abgehenden Jebensstraße vorbei. Das Haus mit der Nr. 3 wurde 1910/11 nach Entwürfen von Fürstenau, Bürckner und Herrmann für den **Evangelischen Oberkirchenrat (25)** errichtet. Der neubarocke Bau, dessen Architektur an Ludwig Hoffmann erinnert, diente nach dem Zweiten Weltkrieg auch dem Konsistorium. Heute, seit diese oberste Kirchenbehörde West-Berlins in der Bachstraße einen eigenen Bau hat, sind hier neben dem Hausherrn, der Evangelischen Kirche der Union (EKU), weitere gesamtkirchliche Dienststellen untergebracht, so das Ökumenisch-missionarische Institut, das Evangelische Zentralarchiv und das Evangelische Forum.
Wir biegen links von der Hardenbergstraße in die Fasanenstraße ein und überqueren die Kantstraße. Hinter der Bahnüberführung steht das **Zentrum der Jüdischen Gemeinde zu Berlin (26)**, das 1957–1959 nach Plänen von Dieter Knoblauch und Heinz Heise errichtet wurde. Einst stand hier die 1910–1912 nach Plänen von Ehrenfried Hessel erbaute liberale Synagoge, die sich an byzantinische Kirchenbauten anlehnte. In der sogenannten „Reichskristallnacht" (9./10. November 1938) ging das Bauwerk in Flammen auf. Seine Ruine wurde später gesprengt. Ein Säulenpaar aus der Hauptfront der Synagoge und der Portikus des mittleren Portals dieser Fassade – sie erinnerte an das Baseler Münster – sind in der Ansicht des neuen Gemeindezentrums wiederverwendet worden.
Über die Kantstraße, zu der wir zurückkehren, über den Savignyplatz und den rechts abzweigenden Teil der Wielandstraße kommen wir zum einzigen in West-Berlin vollständig erhalten gebliebenen jüdischen Gebetshaus, der liberalen **Synagoge Pestalozzistraße** 14/15 **(27).** Sie ist hinter einem zugeordneten Wohnhaus im Hof ‚verborgen'; der Nähe zu diesem und und den übrigen, unmittelbar benachbarten Wohnhäusern ist es zu verdanken, daß das Bauwerk, das Ernst Dorn 1911/12 auf Privatinitiative als Vereinssynagoge baute, in der „Reichskristallnacht" nicht völlig zerstört wurde. Der einfache, in romanischen Formen gehaltene Bau wurde 1984/85 in sorgfältiger Arbeit innen restauriert und ist seitdem – neben der in Ost-Berlin ebenfalls vorbildlich wiederhergestellten Synagoge in der Rykestraße – das einzig unzerstört erhaltene bauliche Zeugnis der ehemals so zahlreichen, baugeschichtlich interessanten und angesichts der großen Bedeutung der jüdischen Bevölkerung Berlins auch kulturgeschichtlich wichtigen Berliner Synagogen. Bis auf die Ruine der Neuen Synagoge in Ost-Berlin wurden alle übrigen – durch die Nazis

und den Luftkrieg zerstört – nach dem Zweiten Weltkrieg abgetragen. Lediglich die ehemalige Wochentagssynagoge des zerstörten großen Gebetshauses am Fraenkelufer in Kreuzberg ist, wenn auch verändert, außerdem erhalten geblieben.
Weiter entlang der Pestalozzistraße, nach Überquerung der Leibnizstraße, kommen wir an den Karl-August-Platz. Die **Trinitatis-Kirche (28)** auf dem Platz wurde 1896/98 nach Plänen von Vollmer und Jassoy in Formen märkischer Gotik errichtet; Johannes Vollmer hatte zuvor die Kaiser-Friedrich-Gedächtnis-Kirche vollendet. Die flächig-dekorative Ornamentik und die kaum in die Tiefe gestaffelten Bauglieder der kompakten Kuben dieses Baus ähneln der von Jürgen Kröger 1902 errichteten Nathanael-Kirche. Nach starken Zerstörungen im Zweiten Weltkrieg wurde die Kirche 1951/59 durch Erich Ruhtz wiederhergestellt. Dabei vereinfachte er vor allem das Innere.
An der Nordseite des Karl-August-Platzes steht seit 1967 das **Haus der Kirche (29)** des Evangelischen Bildungswerks Berlin. Nach ersten Überlegungen 1962, als ein evangelisches Hospiz – erforderlich nach dem Mauerbau – zunächst bei St. Matthäus, dann zusammen mit der Trinitatisgemeinde entstehen sollte, wurde dieses „Kirchliche Zentrum für evangelische Gemeinden“, auch „Haus der Begegnung“ genannt, mit einem Veranstaltungshaus, „Atrium“ genannt, einem Bürohaus für die Werke der Erwachsenenbildung und der Jugendarbeit, einem Studentenwohnheim und drei Dienstwohnungen von Konrad Sage sowie seinen Mitarbeitern Richter und Hebecker errichtet. Seit 1976 sind die genannten Werke der Erwachsenenbildung im Bildungswerk zusammengefaßt, das außer diesem Haus die Evangelische Akademie in Wannsee unterhält.
Der Pestalozzistraße folgen wir bis zu ihrem westlichen Ende an der Suarezstraße. Durch die Steifensandstraße kommen wir an den Witzlebenplatz mit dem Lietzenseepark; links, in der Witzlebenstraße, steht seit 1955 die katholische **St. Canisius-Kirche (30)**. Die Geschichte dieser Gemeinde reicht bis 1921 zurück; mit ihr zusammen wurde ein Jesuitengymnasium gegründet. Dessen Name „Canisius-Kolleg“ wurde 1925 in „Gymnasium am Lietzensee“ geändert. 1940 mußte die Schule geschlossen werden. Nach dem Krieg lebte die Schule in der ehemaligen Krupp-Villa in der Tiergartenstraße wieder auf. Die Kirche wurde von Reinhard Hofbauer entworfen; erst 1965 konnte die von ihm beabsichtigte Konstruktion mit den hintereinandergestellten Tonnenbögen verschiedener Radien durch eine statische Änderung konsequent durchgeführt werden. Diese Kirche gilt als erstes Gotteshaus der Moderne in Berlin.
Durch die Suarez-, die Schloß- und, rechts einbiegend, durch die Schustehrusstraße kommen wir an den Gierkeplatz mit der ältesten, der Mutterkirche Charlottenburgs.

Luisen-Kirche (31)

1705 bekam der sich südlich und südöstlich des Charlottenburger Schlosses entwickelnde Ort, damals noch Lützen- oder Lietzenburg genannt, das Stadtrecht. Schon drei Jahre danach gab es eine selbständige Kirchengemeinde, die nicht mehr zur Dorfkirche nach Lietzow, sondern in die Remise des damals dem Schloß gegenüberstehenden Rathauses ging, um Gottesdienst zu feiern. 1712/16 entstand dann nach Plänen von Philipp Gerlach auf einem zuvor stadtplanerisch festgelegten Kirchenstandort eine „Simultankirche“, die Lutheranern und Reformierten zugleich als Gottesdienststätte dienen sollte. Der Bau fiel sparsamer aus, als er von Gerlach geplant war; der ‚neue‘ König Friedrich Wilhelm I. ließ einen sparsamen Baumeister, Martin Heinrich Böhme, das Gebäude vollenden. So wurde vor allem der zentrale Turm kleiner als gedacht. Noch ist die ursprüngliche Form im Schiff der heutigen Luisen-Kirche erhalten. Lediglich die Details, die üblicherweise etwas über die Entstehungszeit aussagen – hier die Faschen der Fenster und die Portalgestaltungen – sind neueren Datums.
Karl Friedrich Schinkel wurde 1821 beauftragt, das Problem des Zentralturms zu lösen, der zuvor schon teilweise abgetragen werden mußte, da er statisch unsicher geworden war. Eine Restaurierung des Baus sollte ebenfalls eingeleitet werden. Schinkel legte drei Turmlösungen mit entsprechenden Umgestaltungen des Schiffes vor; die dritte Version wurde durch König Friedrich Wilhelm III. gebilligt. Der erhaltene Turm – er blieb auch im Bombenkrieg in wesentlichen Teilen stehen – geht auf diesen Entwurf Schinkels zurück. Lediglich sein ursprünglicher Spitzhelm wurde während des Wiederaufbaus 1950–1953 nicht rekonstruiert; ein flaches Zeltdach ersetzt ihn. August Orth – wir begegnen ihm auf diesen Wegen durch Berlin

Luisen-Kirche

als Architekt einiger Kirchen der Spätphase des „kirchlichen Rundbogenstils" – führte 1878 an der Kirche erste Restaurierungen durch.

Der Innenraum der Luisen-Kirche – er wird 1987 ein weiteres Mal umgestaltet – stieß schon bei Schinkel auf Mißfallen. Er fügte ihm gliedernde Elemente ein: das östliche Schiff wurde in seinem hinteren Teil durch eine Wand abgetrennt und davor ein Altar unter einem von Franz Ludwig Catel gemalten Kolossalbild aufgestellt. Die drei verbliebenen Seitenemporen wurden an ihren Vorderkanten, zum Mittelraum hin, durch Säulenbekleidungen der Stützen des Dachtragwerks und der Emporen akzentuiert. Diese korinthischen Säulen, passende Pfeilervorlagen an den Wänden und die antikisch gestalteten Prinzipalstücke des Altarraums gaben der Kirche eine festliche und doch vornehm-zurückhaltende Wirkung.

Das Innere wurde nach den Zerstörungen im Zweiten Weltkrieg schlicht, fast karg wiederhergestellt. Mit dem Willen, den ursprünglichen Raumeindruck durch Verzicht auf jede Gliederung des ungerichteten Raumes wieder wirksam werden zu lassen, entstand ein schmuckloser, nur durch wenige moderne Werke bildender Kunst ausgestatteteter Kirchsaal. Ein ausdrucksstarkes Kruzifix von Gerhard Schreiter über dem Altar und Bleiglasfenster von Ludwig Peter Kowalski dahinter gaben hierbei völlig neue Akzente. 1987 wird versucht, mit einer Umgestaltung in architektonischer und künstlerischer Hinsicht historische Strukturen neu erlebbar zu machen.

Vom Luisenplatz, über die Schloßbrücke, erreichen wir den Tegeler Weg. Vor dem S-Bahnhof Jungfernheide biegen wir rechts in die Brahestraße ein. Dort ragt seit 1934 die **Gustav-Adolf-Kirche (32)** mit ihrem schlanken Stahlbetonskelett-Turm auf. Otto Bartning entwarf den Bau, nachdem er mit einem anderen Plan an einem 1925 ausgeschriebenen Wettbewerb teilgenommen hatte. Die städtebaulich geschlossen konzipierte Anlage von Kirche, Wohn- und Gemeindehaus sollte ursprünglich um einen Saal auf dem hinteren Teil des Grundstücks erweitert werden. Mit diesem ersten kirchlichen Stahlbetonskelettbau Berlins verwirklichte Bartning sein schon 1909 entworfenes Konzept für Gesamtanlagen von Kirchen mit Gemeindeeinrichtungen. Nach Zerstörungen im Zweiten

Weltkrieg wurde das Baudenkmal in den fünfziger Jahren in leicht veränderter Form ebenfalls durch Bartning wiederaufgebaut.
Über den Tegeler Weg, den Jakob-Kaiser-Platz und den Kurt-Schumacher-Damm kommen wir zum Heckerdamm, in den wir rechts einbiegen. Die katholische **Kirche Maria Regina Martyrum (33)** wurde 1960/63 nach Plänen von Hans Schädel und Friedrich Ebert aus Würzburg errichtet. Auffallend der in Bronze ausgeführte Kreuzweg O. H. Hajeks im Hof. Der ausdrucksvolle, schlichte Bau mit Unter-und oberer Saalkirche entspricht dem funktionalistischen Gestaltungsprinzip; Wandscheiben, Stützen, Balken und Öffnungsflächen sind aus ihrer konstruktiven Bedeutung für das Bauwerk zu den allein wirkenden raumbildenden und gestalterischen Elementen geworden.
Zusammen mit dem in der Nachbarschaft 1968/70 von Gerd Neumann, Dietmar Grötzebach und Günter Plessow errichteten evangelischen **Gemeindezentrum Plötzensee (34)** und der auf der anderen Seite des Kurt-Schumacher-Dammes in der Töplerstraße 1962/64 durch Hansrudolf Plarre gebauten **Sühne-Christi-Kirche (35)** bezieht sich Maria Regina Martyrum durch den Standort und die Art der kirchlichen Arbeit auf das in unmittelbarer Nähe befindliche Zellengefängnis **Plötzensee.** In einem Waschhaus des 1878 eingerichteten Gefängnisses wurden in der Zeit des Nationalsozialismus neben vielen anderen auch Blutzeugen der Kirchen für ihren Kampf um Glaubens- und Gewissensfreiheit hingerichtet. Die Hinrichtungsstätte ist heute, zusammen mit einem Ehrenhof davor, **Gedenkstätte und Mahnmal (36)**. Man erreicht sie über den Heckerdamm und den Hüttigpfad. In den drei kirchlichen Mahn-, Gedenk- und Gebetsstätten sind ausdrucksstarke Kunstwerke in den Dienst der Mahnung gestellt: Maria Regina Martyrum – mit einem Konvent ehemals Dachauer Karmelitinnen verbunden – beherbergt außer der künstlerisch hochwertig gestalteten Krypta für Erich Klausener und Bernhard Lichtenberg – der allerdings in der St. Hedwigs-Kathedrale beigesetzt ist – und für die ungezählten Opfer der Vernichtung ein Fresko an der Altarwand von Georg Meistermann. Am 23. Januar wird hier jährlich in ökumenischer Gemeinschaft christlicher Märtyrer des Widerstands gedacht. Im Gemeindezentrum Plötzensee geben sechzehn großformatige Graphitzeichnungen von Alfred Hrdlicka, der „Plötzenseer Totentanz", Anstöße zum Nachdenken. Hrdlicka ist seit 1986 Professor an der Berliner Hochschule der Künste. Auf dem Vorplatz der sechseckigen Sühne-Christi-Kirche sind auf Betonkuben die Inschriften: „Golgatha", „Plötzensee", „Auschwitz", Hiroshima" und „Mauern" angebracht; auf einer Platte in der Mitte des Platzes steht: „Horch, das Blut deines Bruders schreit zu dir".

Kreuzberg – Blick nach „Mitte“

(etwa 12 km und 7 km)

St. Lukas-Kirche (1)

Auf dem Gelände des ehemaligen Anhalter Fernbahnhofs befindet sich das 1987 konservierte Hauptportal dieses 1874/80 von Franz Schwechten und Heinrich Seidel errichteten, größten unter den zerstörten Kopfbahnhöfen Berlins. In der hier beginnenden Bernburger Straße steht die St. Lukas-Kirche, die erste „Tochter“ von St. Matthäus. Dieses Gotteshaus wurde 1861 nach Entwürfen Friedrich August Stülers von Ferdinand Gustav Möller fertiggestellt. Ähnlich der St. Matthäus-Kirche waren reiche Gemeindeglieder aus der Potsdamer Vorstadt, dem „Geheimratsviertel“, Träger des Bauvorhabens. Die Namen Jacob Grimm, Theodor Mommsen, Adolf Menzel und Theodor Fontane sind mit dem Viertel und seiner Kirche verbunden. Höchste preußische Staatsbeamte hatten hier, in Nachbarschaft zum Herren- und zum Abgeordnetenhaus in der Leipziger- beziehungsweise der Prinz-Albrecht-Straße (heute Niederkirchner Straße), ihre Wohnung. Das sandsteinverkleidete Abgeordnetenhaus ist von der St. Lukas-Kirche aus direkt hinter der Grenzmauer zu sehen.

Die Kirche errichtete Möller in Spätformen des ‚Rundbogenstils‘, der romanische Stilelemente Oberitaliens mehr und mehr mit solchen der Renaissance mischte. 1954 wurde die Kirche verkleinert und stark vereinfacht wiederaufgebaut. Vor ihrer Zerstörung im Zweiten Weltkrieg besaß sie ein hohes Schiff mit kurzen Querarmen, einer Apsis und seitlichen Pastophorien. Diese enthielten die Sakristei und Nebenräume. Ein hoher Kirchenschiffs-Giebel überragte die Arkade zur Straßenseite. Auch die beiden seitlichen Bauten des Gemeinde- und des Pfarrhauses besaßen ursprünglich zweigeschossige spitzwinkelige Giebel. Zwerggalerien und hohe Fenster, deren Motiv die Außenformen der St. Matthäus-Kirche zitierte, bestimmten den zierlich-dekorativen Charakter des Äußeren dieser ersten Berliner Straßenfrontkirche. Den Turm krönte ursprünglich ein hoher Spitzhelm über Giebeln und Eckfialen.

St. Lukas-Kirche

Das Innere des heutigen, kleineren Kirchsaales wurde durch Sgrafitti von Siegmund Hahn gestaltet. Der Namensgeber der Mutterkirche, St. Matthäus, und der eigene, St. Lukas, sind mit ihren Attributen dargestellt.

Ein Teil der Alt-Berliner Dreifaltigkeits-Kirchengemeinde liegt in West-Berlin. Die **Dreifaltigkeits-Kirche (2)**, ein Barockbau von 1739 in der Ost-Berliner Mauer-/Ecke Mohren- und Kronenstraße (am Zietenplatz) war die Predigtstätte Friedrich Schleiermachers (1768–1834) und Dietrich Bonhoeffers (1906–1945). 1943 wurde sie zerstört, und in die Ruine ließ die Gauleitung der NSDAP einen Bunker einbauen, von dem aus Goebbels den sinnlosen Endkampf um Berlin leitete. Ruine und Bunker sind verschwunden. Durch Zusammenlegung des in West-Berlin gelegenen Teils der Dreifaltigkeits- mit der St. Lukas-Gemeinde kamen 1986 wertvolle Inventarien der Dreifaltigkeits-Kirche nach St. Lukas. Taufe, Altarkruzifix und Leuchter stammen aus der letzten Erweiterung und Restaurierung der Dreifaltigkeits-Kirche 1885/86.

Gegenüber dem preußischen Abgeordnetenhaus, auf der Kreuzberger Seite der Grenzmauer, steht das historische **Kunstge-**

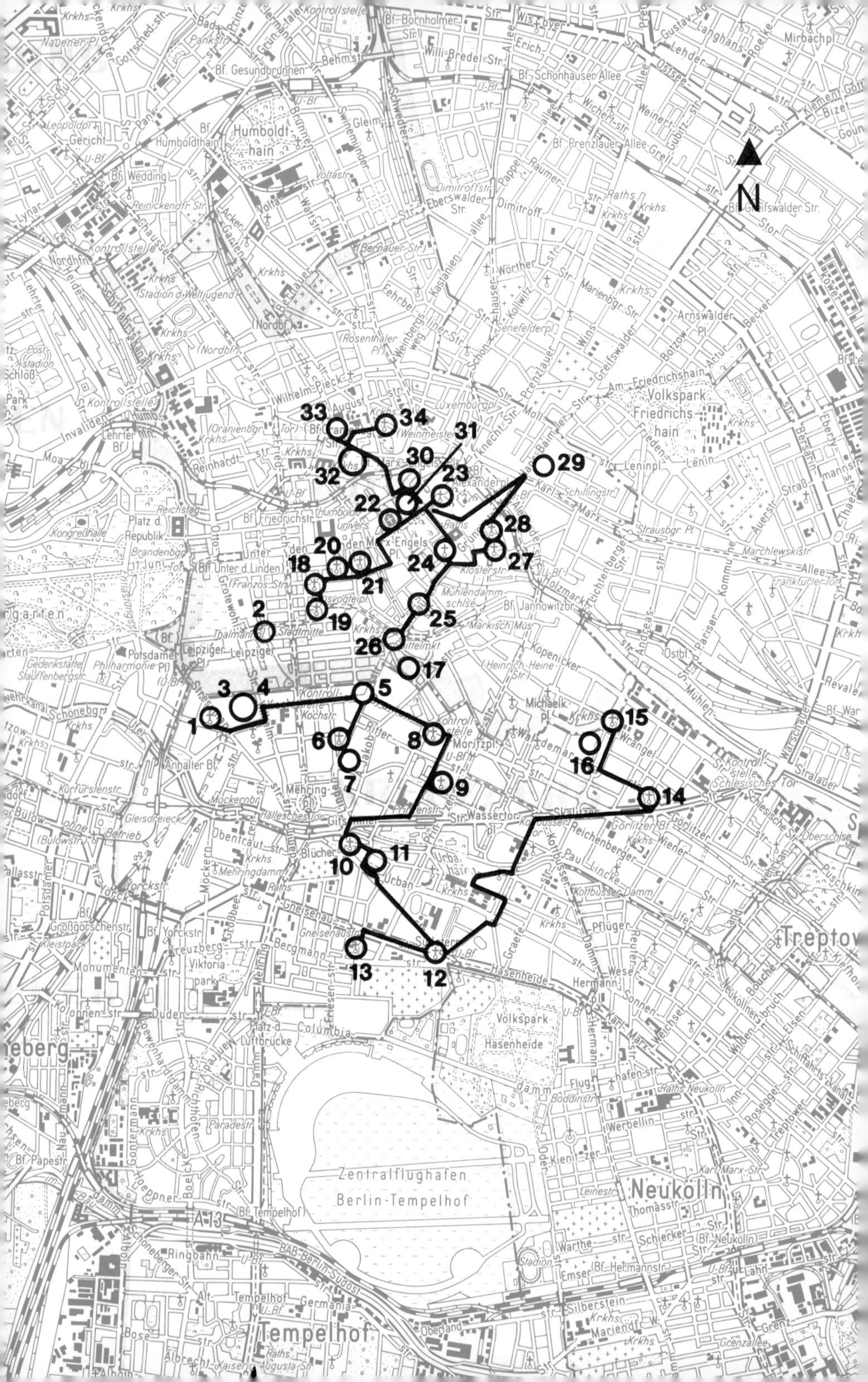
N
1
2
3
4
5
6
7
8
9
10
11
12
13
14
15
16
17
18
19
20
21
22
23
24
25
26
27
28
29
30
31
32
33
34
Humboldt-hain
Volkspark Friedrichshain
Volkspark Hasenheide
Zentralflughafen Berlin-Tempelhof
Neukölln
Tempelhof
Treptow
Kreuzberg Viktoriapark
Platz d. Republik
Alexanderpl.
Marx-Engels-Pl.
Potsdamer Pl.
Leipziger Pl.
Anhalter Bf.
Mehring-pl.
Moritzpl.
Hallesches Tor
Görlitzer Bf.
Schlesisches Tor
Bf. Friedrichstr.
Bf. Gesundbrunnen
Bf. Schönhauser Allee
Bf. Prenzlauer Allee
Bf. Greifswalder Str.
Bf. Jannowitzbr.
Ostbf.
Bf. Yorckstr.
Bf. Tempelhof
Bf. Neukölln
Platz d. Luftbrücke
Columbia
Hasenheide
Gneisenau
Urban
Kottbusser Damm
Karl-Marx-Str.
Stadion d. Weltjugend
Kongreßhalle
Reichstag
Philharmonie
Invaliden
Lehrter Bf.
Leninpl.
Strausbg. Pl.
Arnswalder Pl.
Senefelderpl.
Luxemburgpl.
Rosenthaler Pl.
Stadtmitte
Spittelmkt
Schönebg. Ufer
Kochstr.
Wassertor pl.
Hermannpl.
BAB-Berlin-Südost
A 13
Ringbahn

werbemuseum (3), das 1877–1881 Martin Gropius (1824–1880) errichtete, nach dem der Bau heute benannt ist. Die Strukturzitate der Bauakademie Schinkels und der figürliche und ornamentale Schmuck in Renaissanceformen ordnen das Bauwerk der späten Schinkelschule zu; Gropius gilt als ihr begabtester Vertreter.

Auf dem östlich anschließenden Gelände bis zur Wilhelmstraße befanden sich die ehemalige **Kunstgewerbeschule,** 1901/05 erbaut, und das **Prinz-Albrecht-Palais (4)**, durch Umbau Schinkels 1830/33 aus dem 1740 errichteten Palais Vernezobre entstanden. An der Ecke Wilhelm- und Prinz-Albrecht-Straße stand das Hotel Prinz Albrecht. Alle drei Komplexe wurden nach 1933 zu Stätten der Verfolgung: Sofort nach der „Machtergreifung“ zog Görings politische Polizei in die Kunstgewerbeschule ein. 1934 wurden dann die genannten Gebäude zum „Reichssicherheitshauptamt“ zusammengelegt. Hier befand sich die Terrorzentrale des Naziregimes. In den Kellern der Kunstgewerbeschule richtete man Gefangenenzellen und Räume für Verhöre ein, in denen Menschen durch fürchterliche Folterungen zu Verrat, Falschaussage und letztlich Selbstaufgabe gezwungen wurden. Vom 8. Oktober 1944 bis in den Februar 1945 wurde auch Dietrich Bonhoeffer hier gefangengehalten, nachdem er seit April 1943 in Tegel inhaftiert gewesen war; seine Spur führt weiter in das KZ Buchenwald und endet in Flossenbürg.

Durch die Kochstraße kommen wir zu dem an der Ecke Lindenstraße gelegenen Verlagshaus Axel Springer. Von Norden traf die Jerusalemer Straße auf diesen Platz; sie endet heute bereits auf der anderen Seite der Grenzmauer, hinter dem Verlagshaus. Das frühere Straßendreieck wurde von der **Jerusalemer Kirche (5)** beherrscht. Die Barockkirche ging auf eine Kapelle zurück, die im Mittelalter ein Jerusalempilger gestiftet hatte. Ende des 17. Jahrhunderts wurde der mittelalterliche Bau umgestaltet. 1728–1731 errichtete Philipp Gerlach dann die Barockkirche, die in der Folgezeit mehrere Umbauten erfuhr: einmal durch Schinkel (1838), später durch Edmund Knoblauch (1878/1879). Knoblauch überformte sie im Sinne des späten Rundbogenstils, veränderte aber die alten Grundstrukturen nicht. Der der Luisenkirche vergleichbare Grundriß mit vier gleichen Schiffen und dem Turm erhielt Entsprechung in einer wenig bewegten, geometrischen und renaissancehaften Ornamentik, die den Bauten August Orths verwandt war. Die Kirche wurde 1945, nachdem sie vier Jahre dem rumänischen Staat gehört hatte, weitgehend zerstört. Die Ruine beseitigte man 1961.

Der Neubau der **Jerusalemer und Neuen Kirche (6)**, südlich des alten Standortes, am Schnittpunkt der Linden- mit der Markgrafenstraße, knüpft an das zwischen 1701 und 1708 schon einmal gemeinsame Pfarramt der beiden Kirchen an. Der 1968 von Sigrid Kressmann-Zschach errichtete Bau eines Zentrums, das nur durch den Glockenturm als kirchliche Einrichtung erkennbar ist, vereinigt wiederum die beiden Gemeinden, genauer: deren West-Berliner Teile, denn die alten Sprengel sind geteilt.

Das auf der gegenüberliegenden Seite der Lindenstraße seit 1968 geöffnete **Berlin-Museum (7)** befindet sich im einzig erhaltenen Bau aus der Erstzeit der großen Friedrichstadt-Erweiterung, die 1731 begann. Im Rahmen der Justizreform wurden in dem 1733/35 von Philipp Gerlach errichteten Bau das Ober-Appellationsgericht, das Ravensberger Ober-Appellationsgericht, das kurmärkische Lehnsarchiv, das **Kammergericht,** das Baukolleg und das **Konsistorium** untergebracht.

Über dem Mittelrisalit erblicken wir neben der allegorischen Gestalt der Gerechtigkeit die Symbolfigur der Barmherzigkeit – Sinnbild der geistlichen Behörde in diesem Haus. Erweiterungen im 19. Jahrhundert konnten nicht verhindern, daß das Kammergericht ab 1879, nach der Reichsjustizreform, alle Teile des Gebäudes allein nutzen mußte. Als das Gericht 1913 seinen riesigen, als Alliiertes Kontrollratsgebäude erhaltenen Neubau im Kleist-Park in Schöneberg erhielt, wurde das Evangelische Konsistorium der Kirchenprovinz Berlin-Brandenburg alleiniger Nutzer des alten Bauwerks. 1945 brannte es aus; das Konsistorium mußte in den nur wenig beschädigten Bau des Oberkirchenrates in der Charlottenburger Jebensstraße umziehen. Zwar war 1957 bereits der Abbruch der Ruine zugunsten der Südtangente der Stadtautobahn beschlossen worden, doch wurde der Bau als einziges Stadtpalais aus der ersten Hälfte des 18. Jahrhunderts, das sich in West-Berlin befindet, ab 1963 rekonstruiert.

St. Jacobi-Kirche (8)

Durch die Linden- und die Oranienstraße gelangen wir zur ersten Kirche von „SO 36“, dem heute als ‚typisch‘ empfundenen Teil

St. Jabobi-Kirche

Kreuzbergs um das Kottbusser und das Schlesische Tor. Im Gegensatz zu den östlichen Bereichen dieses Stadtteils ist rings um St. Jacobi nach weitgehender Zerstörung im Zweiten Weltkrieg heute kaum noch alte Bausubstanz vorhanden. Ähnlich isoliert– heute innerhalb moderner Wohnbauten – lag die Kirche zu Anfang; sie wurde 1843/45 als Basilika im kirchlichen Rundbogenstil in ländlicher Umgebung gebaut. Dieser Teil der Luisenstadtgemeinde wurde gerade erst von Städtern ‚erobert‘, die den Ackerbürgern Land zur Errichtung von Wohn- und Gewerbebauten, der typischen „Kreuzberger Mischung“, abkauften. Der Name der neuen Kirche, die zunächst „Neue Louisenstadtkirche“ hieß, ist dem alten Jacobs-Hospital entlehnt, das an einem damals schon geschlossenen Kirchhof von St. Petri, dem heutigen Waldeckplatz, stand. Auf diesem Gelände war die Kirche zunächst geplant.

St. Jacobi wurde nach den Vorstellungen Friedrich Wilhelms IV. (1795–1861) in dogmatischer Weise „byzantinisch“, also in frühchristlichen und in oberitalienischen Romanikformen errichtet. Es handelt sich um eine dreischiffige Basilika mit Atrium und seitlich gestelltem Campanile. Friedrich August Stüler entwarf die Kirche; Gustav Holtzmann führte den Bau aus. Nach der Zerstörung des Viertels, der auch das ganze Kirchenschiff zum Opfer fiel, bauten Paul und Jürgen Emmerich die Kirche 1953/57 wieder auf. Das äußere Erscheinungsbild wurde hierbei gewahrt; der Innenraum hingegen stark vereinfacht. Statt der korinthischen und dorischen Säulen über und unter den Emporen der Seitenschiffe schuf man nun hohe Rundbögen mit eckigen Pfeilern. Die Emporen fehlen ganz. Die geometrische, an toskanische Kirchbauten erinnernde Ausmalung der alten Kirche ersetzte man durch die Struktur unverputzter, geschlämmter Ziegelwände. Die Apsis blieb unzerstört; die Mosaikdarstellung des segnenden Christus ist – aus dem historischen Zusammenhang der umgebenden Apostelfiguren gelöst – erhalten geblieben und gibt der ausdrucksstarken Basilika einen würdigen Akzent. Die Sandsteinfigur des Heiligen Jacobus im Atrium vor der Kirche wurde von Emil Hopfgarten geschaffen und zur Einweihung der Kirche am 5. Oktober 1845 vom Patron, König Friedrich Wilhelm IV., gestiftet.

Über die Lobeckstraße kommen wir zur **St. Simeon-Kirche (9)** in der Wassertorstraße. Sie wurde 1893/97 nach Plänen Franz Schwechtens, des Architekten der alten Kaiser-Wilhelm-Gedächtnis-Kirche, der Schöneberger Apostel-Paulus-Kirche sowie der Genezareth-Kirche in Neukölln in neugotischen Formen errichtet, die im Detail denen der Apostel-Paulus-Kirche ähneln. Sie zählt zu den Berliner Straßenfrontkirchen. Ihr Gemeinde- und Pfarrhaus ist als Vorderhausriegel dem Kirchenschiff vorangestellt. Nach weitgehender Zerstörung im Zweiten Weltkrieg wurde beim Wiederaufbau der Kirchsaal durch eine Zwischendecke horizontal geteilt. Die Oberbauräte Jorcke und Berndt sowie der Architekt Willy Rossa planten und vollendeten diese Umgestaltung von 1947 bis 1957. Die Ausrichtung des nunmehr im Obergeschoß liegenden Kirchsaales wurde gedreht, so daß man ihn heute über ein anstelle des alten Altarraumes liegendes Treppenhaus an der Rückseite erreicht und der Altar an der Straßenseite liegt. Vorderfront und Turm wurden 1981/84 unter denkmalpflegerischen Aspekten saniert.

Durch die Lobeck- und die Gitschiner Straße kommen wir zum Landwehrkanal. Schon hier sehen wir die dominierende Kuppel der **Kirche Zum Heiligen Kreuz (10)**, die wir über die

Zossener Straße erreichen. Johannes Otzen, der Schöpfer der ausdrucksstärksten und eigenwilligsten unter den Berliner Kirchen der Neugotik, entwarf den sechstürmigen Kuppelbau, der 1885/88 errichtet wurde. Ähnlich seiner Schöneberger Luther-Kirche verwendete Otzen neugotische Elemente in unkonventioneller Weise zur Ausformung freier Grundriß- und Strukturanlagen. Zwar gab es in der mittelalterlichen Gotik gerichtete Wegkirchen nach Art der Friedenauer Kirche Zum Guten Hirten; Zentralanlagen aber über einem gleichschenkeligen Kreuzgrundriß mit einem monumentalen Kuppelbau über der Vierung, wie hier, oder axial verschobene Hauptgruppen des Bauwerks, wie bei der Luther-Kirche, sind Strukturen des 19. Jahrhunderts.

Nach erheblichen Zerstörungen im Zweiten Weltkrieg – die Gewölbe und mehrere Schildbögen waren eingestürzt, alle Dächer und die Kuppel vernichtet – leitete ab 1951 Erich Ruhtz den Wiederaufbau. Zuvor konnte das Votum der städtischen Verwaltung, die Kirchenruine abtragen zu lassen, durch starkes Engagement der Gemeinde geändert werden. Das Innere wurde vereinfacht; die ursprünglichen Ausmalungen und Mosaiken zwischen den konstruktiven Gliedern, die auch heute ziegelsichtig sind, ersetzte man durch weiße Putzflächen. Die gesamte Ausstattung ist gleichfalls im Zeitgeschmack der fünfziger Jahre neu gestaltet worden. Logenartige Umgänge über den Seitenschiffen vor und hinter den Querarmen vermauerte man, so daß um den Zentralraum zweigeschossige Umgänge entstanden. Die ehemals hohe Spitze über der Zentralkuppel ersetzt ein vergoldetes Kreuz von Günter Kohlhaus.

Seit Beginn der achtziger Jahre ist die Kirchengemeinde bemüht, die große und durch Gottesdienste nicht „ausgelastete“ Kirche – immerhin hatte sie vor dem Krieg 1500 Sitzplätze – durch Planungen einer intensiveren Nutzung zuzuführen. Die Umsetzung eines Entwurfs der Architektengruppe Wassertorplatz soll im Anschluß an die seit 1986 durchgeführte durchgreifende Sanierung des Äußeren dieser Kirche zur Nutzbarmachung der seit der Wiederherstellung brachliegenden Umgänge und Seitenschiffe sowie des großen Dach- und Kuppelraumes über den Gewölben der Kirche führen. Das Gemeindehaus der Heilig-Kreuz-Kirchengemeinde beherbergt neben Gemeindeeinrichtungen auch die kirchlichen Verwaltungseinheiten Kreuzbergs. Diese Institutionen sollen nach entsprechenden Umbauten zusätzlich zum zentralen Gottesdienstraum, der auch anderen Großveranstaltungen dienen kann, in die Kirche verlegt werden. Durch eine derartige innergemeindliche beziehungsweise innerkirchliche Nutzungskonzentration kann der wachsenden Finanznot der Kirche wirksam begegnet werden, die andernfalls zu schmerzlichen Ablösungsprozessen von Identifikationsobjekten – geliebten Kirchen – führen müßte. Auf diese Weise kann ein altes, vertrautes Gotteshaus ganz neu, ganz intensiv und eben nicht nur zum Sonntagsgottesdienst erlebt werden.

In unmittelbarer Nachbarschaft, „Am Johannistisch“, einer Seitenstraße der Brachvogelstraße, befindet sich seit 1893 die **Kirche der Stadtmission (11)**. Auf die Arbeit Johann Wicherns und des Generalsuperintendenten Brückner gegründet, wurde diese Einrichtung als Predigtstätte des Hofpredigers Adolf Stoecker geschaffen, der die Stadtmission neu belebte und ihr Direktor wurde. Am 22. Mai 1892, seinem Silberhochzeitstag, fand die Grundsteinlegung statt. Der erste von Anfang an auf Mehrfachnutzung ausgelegte Kirchsaal Berlins, der dennoch eindeutig sakrale Züge trug, wurde ein Jahr später fertig. Im Zweiten Weltkrieg wurde die Kirche völlig zerstört, die in freien Formen des kirchlichen Rundbogenstils (hier besser als „Übergangsstil“ zwischen Romanik und Frühgotik charakterisiert) gebaut war.

Ein moderner Ersatzbau an gleicher Stelle nimmt die unveränderten Aufgaben wahr, nachdem lange Jahre die **Neue Garnison-Kirche (12)** auf dem Südstern als Kirche der Stadtmission gedient hatte. Sie trägt auf manchem Stadtplan auch heute noch deswegen die Bezeichnung „Stadtmissionskirche“. Zum Südstern gelangen wir über die Blücherstraße. Die zentral auf der Achse der Gneisenaustraße und der Hasenheide 1893/96 von Roßteuscher errichtete „Neue Garnison-Kirche“ stellte die gottesdienstliche Betreuung der nach der Reichsgründung südlich Berlins, in Kreuzberg und Tempelhof kasernierten Soldaten sicher; die nördlichen Garnisonen wurden zusätzlich zur alten Garnison-Kirche im Stadtkern Berlins durch die neue Gnaden-Kirche im Invalidenpark ‚versorgt‘. Die Kirche am Südstern ist – im Gegensatz zu andern neugotischen Kirchen in Berlin – nicht ziegelsichtig, sondern mit Naturstein verkleidet. Ihre Struktur entspricht eher der schon seit dem Bau der St. Thomas-Kirche bekannten Verquickung der gerichteten Kirche mit Turm, Schiff, Vierung mit Querschiffen und Chor mit Apsis einerseits und dem Zentralraum andererseits. Diese Verquickung wird hier wie beispielsweise bei der ebenfalls natursteinverkleideten katholischen St. Sebastian-Kirche im Wedding durch ein breites, kurzes Schiff erreicht, dessen ‚Ausrichtung‘ vor allem außen durch die Dachfiguration wirkt. Die Kirche gehörte ursprünglich dem Kaiser, dann dem Reich und schließlich dem Bund. Die evangelische Kirche gab sie als ‚Hauptmieter‘ zunächst an die Stadtmission, danach an die serbisch-orthodoxe Gemeinde weiter. Seit April 1982 befindet sie sich in Besitz des „CZB“, des charismatisch orientierten „Christlichen Zentrums Berlin“.

Vierhundert Meter westlich entlang der Gneisenaustraße, links in die Schleiermacherstraße einbiegend, kommen wir zum Marheinekeplatz. Hier steht seit 1907 die **Passions-Kirche (13)**, die der Architekt Astfalk nach zweijähriger Bauzeit fertigstellen konnte. Die künstlerische Ausstattung wurde jedoch erst innerhalb der folgenden zwanzig Jahre verwirklicht. Der außen und innen konsequente Zentralbau mit seinen kurzen, in den Fassaden nicht wahrnehmbaren Querschiffen hat zwei durchgestaltete Schauseiten. Sie lehnen sich zusammen mit dem mächtigen Zentralturm und dem Inneren frei an Formen der Romanik an, wobei das Material, großformatige rote Ziegel, in Kontrast zum historisch angewendeten romanischen Stil steht. Jugendstilmotive der Ornamentik geben dem Ganzen aber deutlich soviel ‚Modernität‘, daß die Kirche als entwurfliche Ganzheit mit beträchtlichem baukünstlerischen Wert eingestuft werden kann. Nach Behebung unwesentlicher Kriegsschäden in den Fassaden dient das Gotteshaus seit 1953 wieder dem Gottesdienst. Seit Anfang der achtziger Jahre finden hier – ohne daß Eingriffe in den intakten, historischen Kirchenraum nötig sind – vielfältige kulturelle Veranstaltungen statt, deren Erträge neben Spenden die bauliche Unterhaltung der Kirche sichern helfen.

Zurück zum Südstern, durch die Körte- und Grimmstraße, vorbei am **Gemeindezentrum der Melanchthon-Gemeinde** (1954/55 als Ersatz für die zerstörte Melanchthon-Kirche Armin Krögers von 1904/07 gebaut), über die Admiralbrücke, von der aus rechts die **Synagoge am Fraenkelufer** zu sehen ist, durch die Admiralstraße, über den Platz am Kottbusser Tor und rechts in die Skalitzer Straße einbiegend, kommen wir am Hochbahnhof Görlitzer Bahnhof zur **Emmaus-Kirche (14)** auf dem Lausitzer Platz. Die im Zweiten Weltkrieg bis auf den Turm zerstörte und 1957–1959 von Werner und Ludolf Walthausen durch einen kleinen Saalbau ersetzte Kirche enthielt 2 400 Sitzplätze und zählte – als ‚Tochter‘ einer der größten Kirchen, St. Thomas – ebenfalls zu den mächtigsten Gotteshäusern der Stadt. August Orth hatte die 1890/93 gebaute Kirche entworfen; er vermischte seinen bereits zuvor an anderen Kirchen frei abgewandelten, ornamental befrachteten Rundbogenstil bei diesem Bau zusätzlich mit gotischen Strukturmerkmalen, so daß ein neuer, schon beinahe ‚synthetisch‘ zu nennender Baustil unverwechselbarer Eigentümlichkeit entstand. In gleicher Weise errichtete er seinerzeit die Gethsemane-Kirche im Ost-Berliner Viertel um die Schönhauser Allee. Während er die Fassaden der dortigen Kirche, die vollständig erhalten ist, mit weiteren gotischen Elementen verfremdete, gibt deren Innenraum nahezu exakt wieder, wie einst auch die Emmaus-Kirche gewirkt hat. Über dem Portal am erhaltenen Turm der Emmaus-Kirche, der in drei Geschossen Gemeinderäume beherbergt, befindet sich eines der wenigen erhaltenen Mosaikwerke des Glaskünstlers und Malers Mohn. Es stellt Christus zwischen den Emmaus-Jüngern dar (Lukasevangelium 24, Vers 13 bis 35.)

St. Thomas-Kirche (15)

Durch die Waldemarstraße kommen wir auf den Mariannenplatz, den Josef Peter Lenné 1853 in der Form eines Hippodroms anlegte. Am nordöstlichen Ende des Platzes steht seit 1869 die von Friedrich Adler entworfene St. Thomas-Kirche, deren Gemeindebezirk 1864, ein Jahr vor dem Baubeginn der neuen Kirche, von der Luisenstädtischen Gemeinde abgeteilt wurde: der urbane Aufbau dieses Teils von Kreuzberg war schlagartig erfolgt. Schon 1862 hatte ein Wettbewerb stattgefunden, den der Berliner Magistrat – als Bauherr der neuen Kirche – ausgeschrieben hatte. Eine städtebaulich wirksame Monumentalkirche sollte an dieser Stelle entstehen. Auch die beiden hervorragenden Baumeister im damaligen Berlin, Martin Gropius und August Orth, beteiligten sich an diesem Wettbewerb. Friedrich Adler, kein Schinkelschüler im eigentlichen Sinn, aber einer der bedeutsamsten wissenschaftlich tätigen Architekten seiner Generation und der Schinkelschule

St. Thomas-Kirche

verbunden, legte einen Entwurf vor, der nicht nur außergewöhnlich ist, was den Standort und die Größe des Bauwerkes angeht, sondern auch den Erfordernissen nach einer Predigtkirche mit 1500 Sitz-und ebenso vielen Stehplätzen Rechnung trug. Grundstrukturen, die teilweise erst nach Überarbeitung des Wettbewerbsergebnisses zustandekamen, sind eindeutig der Nachfolge Schinkels zuzurechnen. Die großen, kubischen Formen, das Langhaus mit den kleeblattförmigen Schlüssen der würfelförmigen Vierung und der flachgedeckten Tambourkuppel darüber sind Schinkels ersten Entwürfen zu den Vorstadtkirchen im Norden verwandt. Die Doppelturmfassade und die Detailornamentik hingegen, aber auch die Konzeption der Gesamtanlage mit dem typischen Kleeblattgrundriß entlehnte Adler den Kirchbauten rheinischer Romanik.

Das Innere wirkt, ähnlich wie die von Orth entworfenen Kirchen, im Gegensatz zur äußeren ablesbaren Langhausstruktur eher als Zentralraum. Nachdem Ludolf von Walthausen die Zerstörungen durch den Zweiten Weltkrieg beseitigt hatte und dabei auch in die Raumkonzeption eingriff, indem er die Orgelempore zur Chorempore erweiterte und die Altarkonche zum Konzertboden werden ließ, wodurch der Altar unter einen Baldachin in die Mitte der Vierung unter der Kuppel rückte, wurde dieser Zentralraumcharakter noch deutlicher.

Bemerkenswert ist an der konstruktiven Durchführung des Inneren, daß Adler erstmals gußeiserne Stützen als tragende und zugleich schmückende Bauteile im Kirchenbau einsetzte; im Gegensatz zum weltlichen Großraumbau, vor allem bei Bahnhöfen und Markthallen, setzte sich das Gußeisen jedoch im Kirchenbau nicht durch. Hier ist vor allem das Eisenacher Regulativ als Ursache zu sehen, das seit 1861 neuzeitliche Konstruktionen den strengen, eher dogmatisch durchzuführenden Zitaten mittelalterlicher Stile, vor allem der Gotik, für den Kirchenbau unterordnete. Der Einfachheit halber griffen die Architekten deshalb wieder vermehrt zum massiven Mauerwerksbau, der im Falle erforderlicher schlanker Stützen durch Naturstein ergänzt wurde.

Die großen Emporen der Querhäuser wurden durch von Walthausen nicht wiederaufgebaut. In der Oberflächengestaltung ist der Raum wenig verändert; lediglich die feine, geometrische Akzentuierung der plastischen Teile und Einzelflächen durch ornamentale Bänder und flächige Strukturen der Bemalung wurde durch den schlichten weißblauen Farbenkontrast ersetzt. Der figürliche Schmuck ist auch heute sparsam vergoldet. Sparsamkeit war Adlers Anliegen, so daß nur in den Zwickeln unter der Hauptkuppel vier Medaillons mit Darstellungen der „großen Propheten des Alten Bundes“ als einzige Ausmalung zustandekamen. Sie sind nicht erhalten.

Die Kirche liegt an der Grenze zu Ost-Berlin; ein Großteil der Gemeinde wurde durch die Grenzziehung abgetrennt. Die kleine restliche Gemeinde kann die große Kirche nicht mehr allein unterhalten, zumal sich Schäden gezeigt haben, deren Beseitigung Millionen kosten wird. Alternativnutzungen des Baudenkmals – wobei die gottesdienstliche und kirchenmusikalische Nutzung weiter ermöglicht bleiben soll – sind seit Beginn der achtziger Jahre im Gespräch.

An der westlichen Seite des Mariannenplatzes steht seit 1847 das ehemalige **Diakonissen-Krankenhaus Bethanien (16)**, das Ludwig Persius entworfen hatte und das nach der Stiftung der Einrichtung 1843 durch König Friedrich Wilhelm IV. dann ab 1845 durch

Theodor Stein vereinfacht ausgeführt wurde. Der Akzent der schlichten, wie das übrige Bauwerk kasernenhaft anmutenden Vorderfront wird durch den signifikanten Mittelgiebel mit den schlanken achteckigen Türmen gesetzt; dieses „Markenzeichen“ des Baus wurde von August Stüler geschaffen. Das Vestibül im Erdgeschoß und ersten Obergeschoß hinter diesem Giebel ist auf Grund seiner gegenüber den übrigen Bauteilen hervorgehobenen, reicheren Gestaltung – ganz im Sinne des vom König bevorzugten „Rundbogenstils“ mit romanischen Elementen – restauriert und dadurch annähernd im Ursprungszustand erlebbar.
Die in der Mittelachse an das Vestibül anschließende Kapelle gibt in der Schlichtheit der Durchführung des Rundbogenstils, vor allem durch die Holzkonstruktionen für die Emporen, das ‚typische‘ Innere der Kirchen jener Zeit wieder, deren Innenräume – beispielsweise in St. Matthäus und St. Lukas – nicht mehr erhalten sind. Die erhaltenen Einrichtungsgegenstände der Kapelle finden nach mehrjähriger Magazinierung künftig Verwendung in der Charlottenburger Luisenkirche. Seit 1970 befindet sich das Krankenhaus Bethanien in neuen Gebäuden in Spandau; nach Umbauten dienen die alten Bauten in Kreuzberg als Künstlerhaus des Bezirks.

Blick nach „Mitte“

Von den wenigen hochgelegenen Punkten Kreuzbergs, beispielsweise vom Hochhaus des Verlagshauses Axel Springer oder vom Kreuzberg selbst, aber auch von den Türmen der St. Thomas-Kirche oder vom Dach des Künstlerhauses Bethanien aus genießt man einen eindrucksvollen Blick über den Bezirk Mitte, auf der anderen Seite der Grenzmauer. Mancher Besucher wird möglicherweise den einen oder anderen Kirchwart überreden können, ihn den Turm einer der hier beschriebenen Kirchen besteigen zu lassen. Die im folgenden beschriebenen Kirchen und die Synagoge sowie die ehemaligen Standorte solcher Stätten sind allerdings nur zum geringen Teil über die Grenze hinweg sichtbar. Deshalb ist die Beschreibung so angelegt, daß sie auch hintereinander ‚erwandert‘ werden können.

Seit 1983 beziehungsweise 1986 sind die beiden Kuppeltürme der **Französischen und der Neuen Kirche,** beide von vielen Punkten in West-Berlin aus sichtbar, am Platz der Akademie, dem historischen Gendarmenmarkt in der Friedrichstadt, wiederhergestellt. Die Französische Gemeinde besitzt in West-Berlin, in der Wilmersdorfer Joachim-Friedrich-Straße, ein modernes Gotteshaus; ihre traditionellen Predigtstätten befanden sich jedoch im Bezirk Mitte. Die hugenottischen Flüchtlinge, die der erste preußische König vor allem in der Friedrichstadt ansiedelte, erhielten am späteren Gedarmenmarkt durch Cayard und Quesnay 1705 ihre Kirche, nachdem in der Kommandantenstraße, wo heute, hinter der Bundesdruckerei, die Grenzmauer verläuft, schon 1700 eine ehemalige Scheune zur schlichten **französisch-reformierten Louisenstadt-Kirche (17)** umgebaut worden war. Diese älteste französische Kirche wurde zerstört und abgetragen. Die **französische Friedrichstadt-Kirche (18)** dagegen, einen rechteckigen Saalbau mit abgerundeten Schmalseiten, restaurierte man vorbildlich. Auch sie war im Zweiten Weltkrieg bis auf die Umfassungsmauern zerstört worden. Bei der Rekonstruktion versah man das erhöhte Untergeschoß mit Gemeinderäumen.
Der großartige Kuppelbau, der inzwischen ebenfalls wiederhergestellt ist und seine Entsprechung im Vorbau der **Neuen Kirche (19)** hat, wird durch die Stadt genutzt, in deren Besitz er sich in der Nachfolge des preußischen Staates befindet. Beide Kuppelbauten mit ihren dreiseitigen Giebelfronten wurden 1780/85 durch Gontard und Unger errichtet. Oft bezeichnet man sie volkstümlich als **Französischen und Deutschen Dom.** Die Neue Kirche war 1708 von Grünberg und Simonetti errichtet worden; 1881 ersetzte man die baufällige Halle durch eine an den Kuppelbau angepaßte Kirche nach Plänen von Schwedler. Kirche und Kuppel stehen nach schwersten Kriegszerstörungen vor der Vollendung der Rekonstruktion. Über die Nutzung des Baus wird nachgedacht.
Nur wenig östlich, über die Französische Straße zu erreichen, steht die katholische **St. Hedwigs-Kathedrale (20)**, die 1747 von Johann Boumann dem Älteren begonnen wurde. Nach sechzehnjähriger Stagnation des Baus konnte die Kirche 1773 geweiht werden. Diese erste katholische Kirche Berlins nach der Reformation – an das Pantheon in Rom erinnernd – wurde 1884/87 von Max Hasak um ihre Sakristei erweitert; außerdem bekam sie ein Kupferdach und die auf den alten Abbildungen oft dargestellte Laterne über der Kuppel. 1930/32 erfolgte der Umbau zur bischöflichen Kathedrale. Zehn Jahre

Französische Friedrichstadt-Kirche

nach der Zerstörung im Zweiten Weltkrieg konnte 1953 die Kuppel, wieder ohne Laterne, rekonstruiert werden. Das Innere gestalteten Hans Schädel und Hermann Jünemann 1977/78 um, nachdem Hans Schwippert bereits einen modernen Ausbau bis 1963 durchgeführt hatte. Hierbei ist vor allem die Unterkirche mit der Gruft des durch die Nationalsozialisten umgebrachten Dompropstes Bernhard Lichtenberg in die Gesamtkonzeption einbezogen worden; man erreicht sie über eine im Zentrum der runden Kirche gelegene Treppenanlage.

Durch die Werderstraße gelangen wir zur **Friedrichs-Werderschen Kirche (21)**, deren Wiederherstellung 1987 beendet werden wird. Sie ist 1824/31 durch Schinkel anstelle einer 1699/1701 von Grünberg und Simonetti durch Umbau eines Reithauses entstandenen „Simultan-Kirche“ errichtet worden. „Simultan“ wurde sie von den beiden Richtungen des deutschen Protestantismus und den Französisch Reformierten genutzt. Diese einzige außen und innen erhaltene Kirche Schinkels „im mittelalterlichen Stil“ – er nahm Bauten der englischen Gotik zum Vorbild – wurde durch Stüler verändert. Heute sind Stülers zinkbedeckte, spitze Fialen auf dem Schiff wieder durch die gemauerten Spitzen Schinkels ersetzt. Im wiederhergestellten Inneren wird ein Schinkel-Museum eingerichtet.

Auf der anderen Seite des Kupfergrabens, nördlich vom ehemaligen Berliner Stadtschloß – wo sich heute der Palast der Republik erhebt – steht der **Berliner Stadtdom (22)**, den Julius und Otto Raschdorff 1894 bis 1904 errichteten. Der äußerlich vereinfacht wiederhergestellte, italienische Renaissance und Barock sowie einzelne Elemente römischer Antike zitierende Bau hatte Vorgängerbauten, die mit einer gotischen Hallenkirche südlich des Schlosses begannen. Sie entstand Mitte des 14. Jahrhunderts. Zuvor hatte es bereits seit der Gründung des Berliner Dominikanerklosters im Jahr 1297 Kapellen- und Kirchräume gegeben, die als Vorläufer der Domkirche anzusehen sind. Die Hallenkirche, nach der Auflösung des 1465 gegründeten Domstiftes im Jahre 1608 zur ersten „Dreieinigkeits-Kirche“ Berlins geweiht, hatte im Jahr 1538 Turmaufsätze erhalten, die 1667 abgetragen und 1717 von Martin Böhme durch Barocktürme ersetzt wurden.

Die gesamte Kirche riß man 1747 ab und errichtete bis 1750 nach Plänen von Johann Boumann dem Älteren einen eleganten, quergelagerten Bau, wo heute die große Kirche steht. Unter der neuen Kirche wurden die zuvor in der Hallenkirche begrabenen Hohenzollern beigesetzt. Schinkel baute diese vergleichsweise kleine Domkirche 1817 innen und 1820/22 außen um. Diese klassizistische Überformung erhielt sich bis 1893, als das Bauwerk gesprengt wurde, um dem heutigen kathedralartigen Kuppelbau Platz zu machen.

Die Planungen zu einer großen Domkirche wurden bereits durch Friedrich Wilhelm IV. angeregt; er veranlaßte verschiedene Entwürfe, vor allem in den von ihm bevorzugten Formen frühchristlich-byzantinischer Architektur.

Der Dom bestand ursprünglich aus der erhaltenen Fest- und Predigtkirche unter der Hauptkuppel und der Gruftkirche mit den Hohenzollernsarkophagen darunter, desgleichen aus der ebenfalls erhaltenen und heute als Gottesdienststätte dienenden Tauf- und Traukirche im Südosten – Richtung Palast der Republik – und einem nordwestlichen, 1982 abgetragenen Anbau, der „Denkmalskirche“.

Über die Karl-Liebknecht-Straße gelangen wir zur **St. Marien-Kirche (23)**. Ihre Geschichte reicht zusammen mit der Berliner Neustadt bis in die zweite Hälfte des 13. Jahrhunderts zurück. Die erhaltene dreischiffige Hallenkirche entstand nach dem Stadtbrand von 1380. 1405 war der Wiederaufbau vollendet. Der Kupferhelm des Turms wurde 1789/90 von Carl Gotthard Langhans (1732–1808), dem Erbauer des Brandenburger Tors, errichtet. Er ist das älteste erhaltene Zeugnis der Neugotik im alten Berlin. Im Turm befindet sich das dem Verfall preisgegebene Totentanz-Fresko, das um 1475 entstanden sein dürfte. Diese einzige unter den mittelalterlichen Kirchen Alt-Berlins, die noch als Predigtstätte genutzt wird, verfügt über ihre Originalausstattung. Neben einer Bronzetaufe von 1437 und dem Orgelprospekt von 1723 ist es vor allem die Marmorkanzel des Andreas Schlüter von 1703, die mit ihrer schwerelos scheinenden Architektur und Skulptur Aufmerksamkeit erregt.

Im Süden von St. Marien ist 1983/86 ein neues Stadtviertel entstanden, das die historischen Straßen- und Hausstrukturen zitiert. Inmitten dieses Gebiets steht die älteste Kirche Berlins, die **St. Nikolai-Kirche (24)**. Man vermutet, daß sie bauliche Vorgänger hatte, die bis 1200 zurückgehen. Eine romanische Basilika entstand zusammen mit der „Stadt“ Berlin – also etwa 1232. Nach dem Brand Berlins 1380 wurde die Hallenkirche errichtet, deren siebenseitiger Chorumgang sich aus den Seitenschiffen entwickelt; diese Struktur hat sie mit der gleichaltrigen St. Nikolai-Kirche in Spandau gemeinsam.

Bis 1877 stand nur einer von ursprünglich zwei vorgesehenen Westtürmen; den Unterbau aus Feldsteinen gab es bereits seit der Erbauung der Kirche. Hermann Blankenstein, Architekt der Zwölf-Apostel-Kirche, errichtete bis 1879 den erhaltenen Doppelturmriegel. Die neuen Spitzhelme von 1984 zitieren in vereinfachter Form die Helme Blankensteins. 1944/45 schwer zerstört, wird die St. Nikolai-Kirche seit 1981 rekonstruiert und wird im Jubiläumsjahr Berlins, 1987, weitgehend fertiggestellt. In die Kirche zieht nach vollständiger Rekonstruktion des Inneren das Märkische Museum vor allem mit kirchengeschichtlichem Kunstgut ein.

Fünfhundert Meter südwestlich, an der Gertraudenstraße auf der Spreeinsel, stand die **Petri-Kirche (25)**. Die Ruine der 1853 nach Plänen von Johann Heinrich Strack vollendeten neugotischen Kirche, die nach einem spätromanischen Bau des frühen 13. Jahrhunderts, dann einer Hallenkirche von 1359 und einer Barockkirche von 1733 als vierter Bau der ältesten Kirche Köllns an der Fischerinsel entstand, wurde 1960 abgetragen, obwohl die Zerstörung des Zweiten Weltkriegs hätten beseitigt werden können; sie stand jedoch der Neukonzeption der südlichen Spreeinsel im Wege.

Nach weiteren dreihundert Metern auf der Gertraudenstraße kommen wir zum Spittelmarkt; hier stand bis 1881 die **Gertrauden-Kirche (26)**, auch **Spittelkirche** genannt, da es sich ursprünglich um die 1405/11 errichtete Kapelle des gleichnamigen Hospitals handelte. Nach Errichtung eines Neubaus im 18. Jahrhundert und dessen Änderung und Verkleinerung durch Schinkel 1833 – vor allem fiel der grazile Barockturm dem Umbau zum Opfer – entwickelt sich um die Kirche im späten 19. Jahrhundert die verkehrsreichste Gegend der Innenstadt. Das baufällige Gebäude wurde schließlich des Verkehrs wegen abgerissen.

Zurück über die Gertraudenstraße, den Mühlendamm und den Molkenmarkt kommen wir zum Stadthaus, an dessen Rückseite, in der Kloster-/Ecke Parochialstraße, die **Parochial-Kirche (27)** steht. Sie wurde 1695 bis 1702 von Nering und Grünberg errichtet; ihr Turm entstand 1714 nach Plänen von Gerlach, der auch die Luisen-Kirche schuf. Das niederländische Glockenspiel von 1717, das ein ursprünglich für den eingestürzten Münzturm bestimmtes Vorgängerwerk von 1715 hatte, wurde zusammen mit dem Obergeschoß des Turms im Zweiten Weltkrieg zerstört. Das Kirchenschiff konnte notdürftig instandgesetzt werden und dient zur Zeit als Lagerhaus; die Turmhalle ist als Gottesdienstraum ausgestattet.

Zweihundert Meter nördlich, direkt am erhaltenen Fragment der Berliner Stadtmauer, finden wir zwischen Litten-und Grunerstraße die Ruine der **Franziskaner-Klosterkirche (28)**. Das Grundstück hatte der Orden 1271 erhalten; die Kirche wurde als dreischiffige Basilika erbaut und später um den Chor erweitert. 1840/43 fügte Wilhelm Berger dem für Klosterkirchen typischen, turmlosen Bau zwei schlanke achteckige Türme an den Westgiebel an, die 1926/30 wieder abgetragen wurden; der den ursprünglichen Dachreiter ersetzende Giebelreiter Bergers blieb bis zur Zerstörung der Kirche im Zweiten Weltkrieg und der bis dahin als „Gymnasium zum Grauen Kloster“ erhaltenen Teile des Klostergebäudes stehen. Inventarien aus der Klosterkirche befinden sich in St. Marien, im

Märkischen Museum und in verschiedenen Kirchen Berlins.
Am Nordrand des Alexanderplatzes, den wir über die Grunerstraße erreichen, etwa dort, wo sich das „Haus des Reisens“ befindet, lag vor der Umgestaltung des Platzes und der Neuanlage der heutigen Straßen der historische Georgenkirchplatz mit der **Georgen-Kirche (29)**. Hier, außerhalb der alten Kernstadt, bestand seit der zweiten Hälfte des 13. Jahrhunderts das Georgenhospital mit seiner Kapelle. Die hier im 17. Jahrhundert angelegte Vorstadt bekam ihre Pfarrkirche durch die Abtrennung des Spitals von seiner Kapelle, die zur Predigtkirche vergrößert wurde. 1780 ersetzte ein Neubau den alten, veränderten Bau; schließlich errichtete Johann Otzen 1889 einen weiteren Neubau im „Übergangsstil“, der neuromanische und neugotische Elemente miteinander vereinigte. Die Formensprache dieses Baus ist an der vorwiegend neuromanisch aufgefaßten Spandauer Luther-Kirche noch nachempfindbar. Nach Zerstörungen im Zweiten Weltkrieg wurden die Kirchenruine und der erhaltene Turm 1950 für die Neukonzeption des Alexanderplatzes gesprengt.
Westlich des Alexanderplatzes, im Bereich der Neubebauung an der Rosen- und der Rochstraße, befand sich die Berliner **Alte Garnison-Kirche (30)** an der Littenstraße. Ein Reststück dieser ehemals ganz um den Stadtkern führenden Straße ist zwischen Klosterkirche und Spree noch erhalten; ursprünglich bildete die alte „Wallstraße“ den äußersten Stadtring innerhalb der Mauern. 1701/03 entstand ein der Luisenkirche ähnlicher Saalbau für die Berliner Garnison mit kreuzförmigem Grundriß nach Plänen von Grünberg, der nach der Explosion des Pulverturms am Spandauer Tor 1720 zerstört und durch Gerlach 1722 als rechteckiger, turmloser Saal wiedererrichtet wurde. Nach Umbauten im 19. Jahrhundert, an denen auch Stüler beteiligt war, brannte das schlichte Bauwerk 1908 ab. Ein äußerlich nahezu gleichgestalteter Wiederaufbau von 1909, mit dem Zeitgeschmack entsprechend aufwendig gestaltetem Inneren – nur die ursprüngliche Orgel mit ihren mechanischen Schmuck- und Spielwerken war originalgetreu rekonstruiert worden – wurde im Zweiten Weltkrieg bis auf die Umfassungsmauern zerstört; die Ruine mußte 1949 der Neukonzeption des Stadtviertels weichen.
An der Spandauer- Ecke Burgstraße steht seit 1905/06 die Handelshochschule, gebaut nach Plänen von Cremer und Wolffenstein, heute wirtschaftswissenschaftliche Fakultät der Humboldt-Universität. In der Spandauer Straße schmiegt sich die **Heilig-Geist-Kapelle (31)** an diesen Bau an, die seitdem als Vortragssaal, Aula und Mensa der Hochschule dient. Das Hospital Zum Heiligen Geist stammte, wie das Georgenhospital, aus der zweiten Hälfte des 13. Jahrhunderts und lag am Spandauer Tor. Beide Spitäler existieren zusammen als Stiftung im Bezirk Wedding seit 1887 weiter, nachdem das Heilig-Geist-Spital 1825 abgetragen worden war. Die Kapelle, deren Gründung um 1300 vermutet wird und die 1476 ihr erhaltenes Sterngewölbe erhielt, diente vor dem Bau der Garnison-Kirche von 1655 bis 1703 als Gotteshaus der Berliner Garnison. Der Ostgiebel des Gebäudes erinnert an die Klosterkirchen von Lehnin und Chorin, wenngleich die Einzelformen weitaus schlichter ausgefallen sind. Gemäldetafeln aus der Emporenbrüstung der Kapelle befinden sich teilweise in den Dorfkirchen von Mariendorf, Tempelhof und Zehlendorf.
Durch die Burgstraße und unter der S-Bahn hindurch, die hier auf der ehemaligen Stadtumwallung entlangführt, kommen wir zum Monbijoupark, in dem bis zur Zerstörung im Zweiten Weltkrieg das gleichnamige Schloß stand. Hier gab es gleich drei kirchliche Standorte: außer der **Englischen Kirche,** die im Bereich der Eckbebauung an der Monbijoustraße stand, gab es dort das **Domkandidatenstift (32)**, als Alumnat 1714 gegründet und 1859, fünf Jahre nach der Umwandlung in das Stift, in einem eigenen Gebäude nach Plänen Stülers in altchristlichen Bauformen untergebracht. Die dazugehörige Kirche wurde 1874 fertiggestellt. Die ganze Anlage, einschließlich der zeittypischen Ausstattung – beispielsweise ein Altarbild „Anbetung der drei Könige“ von Carl Gottfried Pfannschmidt –, wurde ebenso wie die Englische Kapelle im Zweiten Weltkrieg zerstört.
Anders das dritte Kirchengebäude am Monbijoupark: Nach Sprengung der alten barokken Domkirche 1893 – von deren klassizistischer Überformung durch Schinkel eine Säule erhalten geblieben ist, sie steht im Park hinter dem Hauptgebäude der Technischen Universität – konnte der Dom-Gottesdienst schließlich nicht für zehn Jahre eingestellt werden. Seit 1892 war nach Plänen von Julius Raschdorff (der mit seinem Bruder gleichzeitig den Domneubau vorbereitete) auf einem kaiserlichen Parkstück ein **"Interimsdom"**

Sophien-Kirche

(32) entstanden, dessen Eisenfachwerkkonstruktion im Kirchenbau Berlins einmalig bleiben sollte. Der schmucklose, aber originelle Rechteckbau mit kurzem, stumpfem Turm und flachem Satteldach, dessen Gestaltung an Eisenbahn-Wirtschaftsgebäude jener Zeit erinnerte, diente bis 1905 als Gotteshaus der Domgemeinde, deren Kindergottesdienste traditionell in der Kirche des Domkandidatenstiftes abgehalten wurden. Danach wurde die Interimskirche wieder abgetragen.

Ein kleines Stück weiter entlang der Oranienburger Straße sehen wir den eindrucksvollen Bau der noch zerstörten **Neuen Synagoge (33)**, die Carl Heinrich Eduard Knoblauch 1859 bis zu seinem Tode 1865 errichtete und die von seinem Sohn Gustav mit Hilfe August Stülers ein Jahr später fertiggestellt wurde. Diese größte und prächtigste Berliner Synagoge, deren Baustruktur das verwinkelte Grundstück ideal ausnutzte, war nicht allein ihres maurisch-antikischen Baustils, sondern auch bahnbrechender neuer Konstruktionen wegen von großer Bedeutung. Zudem trat das jüdische Bürgertum durch diesen selbstbewußten Bau erstmals buchstäblich aus der zweiten Reihe – dem Hinterhaus – in das Bewußtsein der Öffentlichkeit – an die Straßenfront.

Während sich die Architektur des Außenbaus auf den Straßenriegel mit Foyer, Gemeinderäumen und Aufgängen beschränkt – die große Hauptkuppel, erstes eisernes Kuppeltragwerk Deutschlands, und die beiden Nebenkuppeln standen auf diesem Vorderhaus –, war der dreischiffige Innenraum des großen Synagogensaales von überaus großem gestalterischen Reiz. Das Bauwerk fiel in der sogenannten „Reichskristallnacht“ (9./10. November 1938) dem Terror der Hitlerfaschisten zum Opfer. Nach Kriegsende trug man die Ruine ab. Stehen blieb nur das Vorderhaus mit den Kuppeltrommeln und einer erhaltenen Seitenkuppel. Es dient heute als Mahnmal. Der Wiederaufbau dieses Teiles und seine künftige Nutzung durch die jüdische Gemeinde sind eingeleitet.

Durch die Krausnickstraße kommen wir zur **Sophien-Kirche (34)** in der Großen Hamburger Straße. Als erste Predigtstätte der neuen Spandauer Vorstadt entstand der zunächst schmuck- und turmlose Bau 1712/13; erst 1731/34 kam der schlanke Turm mit zwei Säulengeschossen und vierfach gebrochener geschweifter Haube nach Plänen von Johann Friedrich Grael dazu. Die Planungen von Andreas Schlüter für den Münzturm zu Berlin sowie von Philipp Gerlach für den realisierten Turm der Potsdamer Garnison-Kirche stehen in engem entwurflichen Zusammenhang mit diesem Turmbauwerk. 1833/34 kamen die beiden südlichen Sakristeien an die Kirche; ihr Inneres wurde 1892 unter Adolf Heyden, Kurt Berndt, Friedrich Schultze und Paul Kieschke stark verändert. Diese Fassung, bei der die Decke höher gelegt, die Fenster vergrößert, und neue dreiseitige Emporen eingefügt wurden, ist im wesentlichen erhalten. Ein einfacher Dreiecksgiebel ersetzt heute die neubarocke Überformung des Chorgiebels von 1892. Die wertvolle Wagner-Orgel von 1790 konnte 1976/77 zusammen mit dem Äußeren des Turmes restauriert werden.

Reinickendorf

(etwa 32 km)

Dorfkirche Reinickendorf (1)

Unser Weg beginnt in der Keimzelle Reinickendorfs, auf der alten Dorfaue, unweit der Lindauer und der Roedernallee. Zwar wird das Dorf selbst schon in der zweiten Hälfte des 14. Jahrhunderts erwähnt, doch seine Kirche, die wir auf der weitgehend erhaltenen Dorfaue finden, wurde erst einhundert Jahre später errichtet. Der halbrunde Chorschluß dieser offenbar in einem Zug, ohne Bauabschnitte und ohne spätere Ergänzungen gebauten Dorfkirche ist in Berlin einmalig. Der Turm fällt durch seine Proportionen und seine Oberfläche auf: Er ist verhältnismäßig schlank und verputzt, während das Kirchenschiff die ungeordnet vermauerten Feldsteine unverputzt zeigt. Die Windfahne auf dem Turm zeigt die Jahreszahl 1713. Möglicherweise entstand das ganze Turmbauwerk erst damals, vielleicht wurde es aber auch schon nach dem Dreißigjährigen Krieg als Ersatz für einen zerstörten Glockenträger errichtet und erhielt 1713 nur den geschweiften Dachabschluß mit der kupfernen Spitze. Ältesten Hinweis auf die Kirche liefert uns eine erhaltene „Cum-Pace-Glocke" von 1491. Der Name bezieht sich – wie bei einer ähnlichen Glocke in Schmargendorf – auf den ringsum eingegossenen Spruch: „O König der Ehre, Christus, komm mit Frieden" in lateinischer Sprache. Wahrscheinlich besaß die Kirche bereits 1610, als eine zweite Glocke hinzukam, einen Turm. Während das Äußere des Baus anläßlich einer Restaurierung 1936/38 nur unter der umlaufenden Dachtraufe verändert wurde – ein gotisierendes Maßwerk wurde durch ein Spruchband ersetzt –, konnte das Innere damals den Charakter einer Dorfkirche zurückgewinnen, den es 1877 durch die Abgabe der meisten historischen Inventarien an das Märkische Museum verloren hatte. Die Scheidbögen über den Fenstern deuten an, daß sich möglicherweise eine nachträgliche Einwölbung – wie in der Mariendorfer Kirche – über den Raum spannte. Den Altar schmückt ein Flügelaufsatz, dessen Motive ein unbekannter Maler Anfang des 16. Jahrhunderts der „kleinen Passion" Dürers entnahm. Der rechte Flügel wurde durch eine

Dorfkirche Reinickendorf

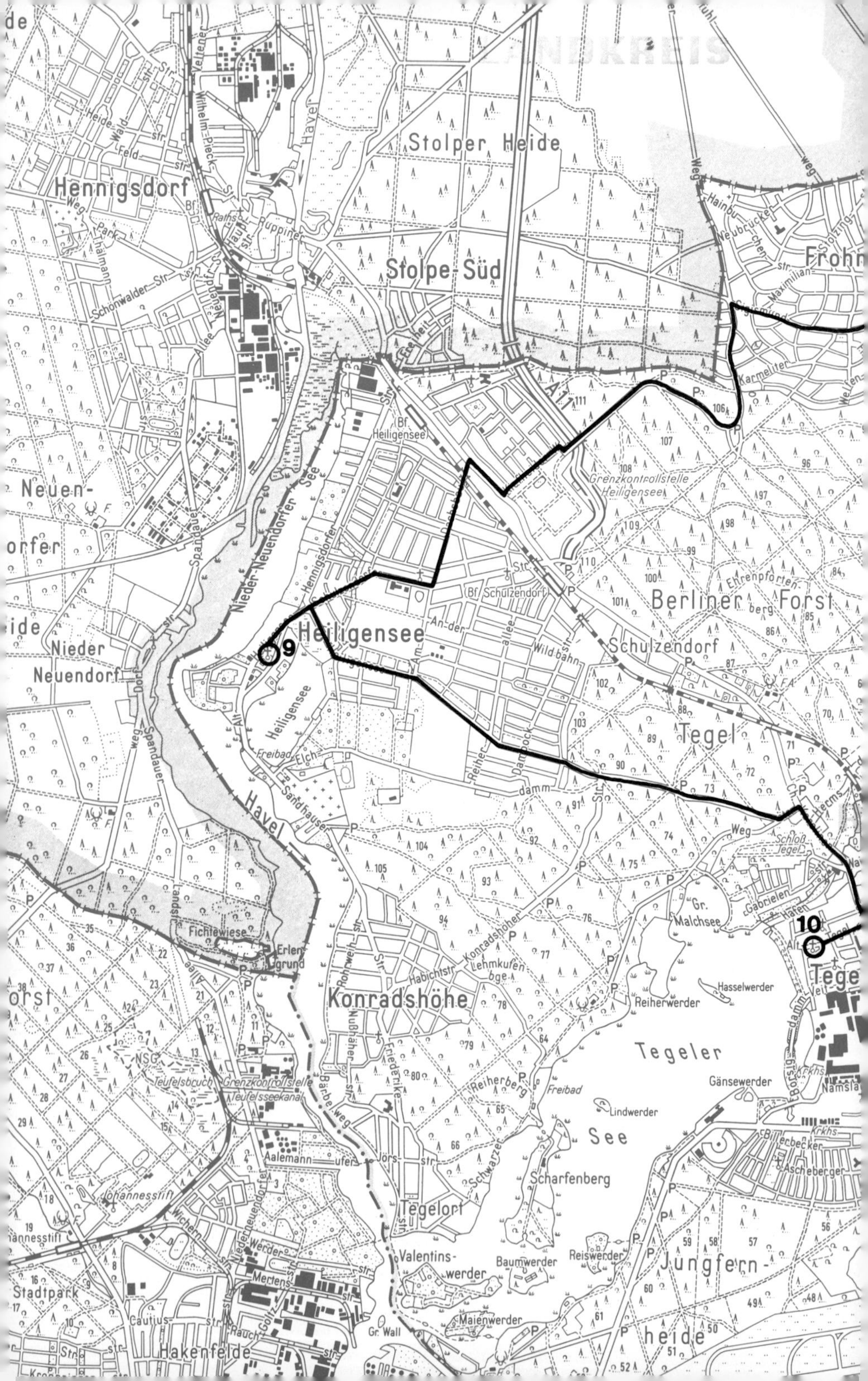
Hennigsdorf
Stolper Heide
Stolpe-Süd
Frohn
Neuen-
dorfer
Heide
Nieder
Neuendorf
Nieder-Neuendorfer See
Heiligensee
9
Bf. Heiligensee
Grenzkontrollstelle Heiligensee
Bf. Schulzendorf
Schulzendorf
Berliner Forst
Tegel
Havel
Fichtewiese
Erlengrund
Konradshöhe
Schloß Tegel
Gr. Malchsee
10
Hasselwerder
Reiherwerder
Tegeler See
Gänsewerder
Lindwerder
Scharfenberg
Tegelort
Valentinswerder
Baumwerder
Reiswerder
Maienwerder
Gr. Wall
Jungfernheide
Teufelsbruch
Grenzkontrollstelle Teufelsseekanal
NSG
Johannesstift
Stadtpark
Hakenfelde
Aalemannufer
Freibad
Reiherberg
LANDKREIS

ORANIENBURG
N
Biesel-
heide
Glienicke
Schildow
Kindelsee
Hermsdorf
Waldsee
Lübars
Freizeit- und
Erholungspark
Lübars
Waidmannslust
Märkisches Viertel
Wittenau
Borsigwalde
Reinickendorf
Wilhelmsruh
Schönholz
Rosen
Schafersee
Nordgraben
Tessenowstr.
B 96
BAB Berlin-Hamburg
AK Reinickendorf
1
2
3
4
5
6
7
8

vollständige Nachempfindung ersetzt – das nur halb erhaltene Original ist an der Nordwand der Kirche zu sehen. Außer zwei um 1500 entstandenen kleinen Holzplastiken, Maria und Margarethe darstellend, sind die übrigen Ausstattungsstücke anläßlich der Instandsetzung in den dreißiger Jahren neu geschaffen worden.

Über die Roedernallee kommen wir nach Alt-Wittenau, in dessen verlängerte Dorfaue wir links einbiegen.

Dorfkirche Wittenau (2)

Der Name Wittenau wurde dem alten Dalldorf erst 1905 gegeben. Der langgestreckte Dorfanger zählt zu den schönsten in Berlin. Die Kirche inmitten alter Bäume wurde Ende des 15. Jahrhunderts als Rechteckbau errichtet. Hierüber gibt vor allem das nachlässig gefügte Mauerwerk der Außenwände Auskunft. Aus dieser Erstzeit ist der Ostgiebel erhalten geblieben. Ursprünglich waren alle drei Nischen dieses Giebels geöffnet. Erst seit dem Einbau eines Kanzelaltars im 18. Jahrhundert ist die mittlere Öffnung verschlossen. Das Maßwerk der Blendnischen im Giebelfeld ist für das 15. Jahrhundert charakteristisch. Vielleicht waren die ersten Fenster der Kirche ebenso geteilt. Die heutigen Fenster entstanden mit ihren Stichbögen erst um 1830. Möglicherweise wurden bereits nach dem Dreißigjährigen Krieg größere Öffnungen in die Mauern gebrochen. Während die vermauerte Pforte der Südseite aus der Erstzeit der Kirche stammt, wurde die bestehende südliche Tür ebenfalls erst 1830, zusammen mit der gotisierenden Fassung des Westportals, angelegt. Im Fachwerkturm hängen zwei mittelalterliche Glocken; eine „Cum-Pace-Glocke" aus dem Jahr 1484 erhielt ihren Namen wegen des umlaufenden lateinischen Spruches; die andere Glocke wurde 1583 gegossen. Die Glocken lassen vermuten, daß die Kirche bereits im 15. Jahrhundert einen Turm besaß. Der heutige Turm entstand wahrscheinlich nach dem Dreißigjährigen Krieg – seine Spitze erhielt er 1799.
Das Turmtragwerk ist der Kirche ‚aufgesattelt'; wir treten also unmittelbar in das Schiff ein, ohne zuvor eine Turmhalle zu durchqueren. 1956/57 wurde die Stichbogentonnendecke anstelle einer flachen Holzdecke eingezogen. Hierdurch kommt der barocke Kanzelaltar des 18. Jahrhunderts angemessen zur Geltung; vorher war er zwischen Fußboden und Decke optisch ‚eingeklemmt'. Aus dem Vorgängeraltar, einem um 1500 entstandenen Flügelaltar, sind die Figuren der Gottesmutter mit dem Kind, die Heilige Anna Selbdritt und der Heilige Nikolaus erhalten geblieben. Sie können als hervorragende Beispiele der für Berliner Kirchen geschaffenen Holzbildwerke des ausgehenden Mittelalters angesehen werden.

Dorfkirche Wittenau

Über die Hermsdorfer Straße, den Oraniendamm und etwa achthundert Meter des Waidmannsluster Damms kommen wir zur Hochjagdstraße, an deren Ecke mit der Bondickstraße die **Königin-Luise-Kirche (3)** von Waidmannslust steht. Sie wurde nach Gründung eines Kirchbauvereins 1905 schließlich 1912/13 nach Plänen von Leibnitz gebaut, der 1893/98 die Erlöser-Kirche in Jerusalem errichtet hatte. Der Südostgiebel der Kirche mit dem Hauptportal zur Straßenseite wurde dem Tangermünder Rathaus nachgestaltet; alle übrigen Details, ebenfalls märkischer und norddeutscher Backsteingotik nachempfunden, treten hinter diesem ausdrucksstarken Bauteil zurück. Das Innere wurde nach erheblichen Kriegszerstörungen bis 1958 vereinfacht wiederhergestellt.

Dorfkirche Lübars

Nach dreieinhalb Kilometern über den Waidmannsluster und den Zabel-Krüger-Damm kommen wir nach Lübars.

Dorfkirche Lübars (4)

Schon 1274 wurde das Dorf erwähnt; wenig später kam es unter das Patronat des Spandauer Benediktinerinnen-Klosters. Zu dieser Zeit hat es sicher schon eine Kirche gegeben; Näheres ist dazu jedoch nicht bekannt. 1790 brannten große Teile des Dorfes ab; mit ihnen die Kirche, die als wahrscheinlich zuletzt nach dem Dreißigjährigen Krieg erneuerter Fachwerkbau ähnlich der Hermsdorfer Kirche einen armseligen Eindruck gemacht haben muß. 1793/94 errichtete man auf den Grundmauern der Ruine die erhaltene Saalkirche; hierdurch ist auch der Neubau „geostet“, also mit dem Altar nach Osten gerichtet. Entsprechend der üblichen Bauweise preußischer Amtskirchen der zweiten Hälfte des 18. Jahrhunderts hat der Kirchsaal drei Joche unter einem chorseitig abgewalmten Satteldach. Das mittlere Joch ist – ähnlich der Schöneberger Kirche – durch einen Risalit betont. Dieser besondere Schmuck ist nur auf der Südseite inhaltlich durch ein Portal gerechtfertigt; an der Nordwand befindet sich ein ganz ‚normales‘ Fenster in dieser Baukörpergliederung. Der stumpfe, zweigeschossige Turm ist dem Saal vorangestellt. Seine Gliederungselemente entsprechen denen des Schiffes; im Erdgeschoß besitzt er sogar ebenso große Fenster wie der Kirchsaal.

Das Innere dieses Saales wird durch den 1956 aufgestellten Kanzelaltar bestimmt. Dieses architektonisch und bildnerisch eindrucksvolle Inventar wurde 1739 für die Kirche des Gertrauden-Hospitals zu Berlin geschaffen; sie ersetzte als Barock-Neubau eine mittelalterliche Kapelle von 1405–1411 und wurde nach einer Umgestaltung durch Schinkel schließlich 1881 abgerissen, um die geänderte Verkehrsführung auf dem Spittelmarkt zu ermöglichen. Der Kanzelaltar kam danach in den Betsaal des neuen Gertrauden-Hospitals in der Kreuzberger Wartenburgstraße, wo er keine Verwendung mehr fand, als das Gebäude zum Städtischen Krankenhaus umgewandelt wurde. So gelangte der Kanzelreiter über ein Magazin des Landeskonservators nach Lübars. Der zwölfstrahlige Kranz oberhalb des Schalldeckels enthielt ursprünglich ein Gottessymbol; heu-

Kanzelaltar Dorfkirche Lübars

Dorfkirche Hermsdorf

te sind die verkürzten Strahlen nach vorn abgewinkelt, da die Deckenhöhe der Dorfkirche nicht ausreicht. Die beiden Putten auf den seitlichen Kanzeltreppen befanden sich früher auf den Gebälkvorlagen oberhalb der seitlichen Säulen. An der Stelle der Putten standen Apostelfiguren. Das Kruzifix auf der Altarmensa gehört wahrscheinlich zum Kanzelaltar. Es wurde 1717 gestiftet.
An der Süd-und an der Ostseite der Kirche gibt es jeweils noch einen Maulbeerbaum der Plantage, die hier wie auf anderen preußischen Friedhöfen auf königliche Anordnung seit der ersten Hälfte des 18. Jahrhunderts bestand.

Über die Benekendorffstraße, die Straßen am Vierrutenberg und Am Freibad sowie die Seebadstraße kommen wir - durch das Hermsdorfer Fließtal - zum alten Rundlingsdorf Hermsdorf.

Dorfkirche Hermsdorf (5)

Das deutsche Dorf, anstelle einer slawischen Siedlung angelegt, hatte wahrscheinlich schon um 1250 eine Kirche. Den Rundling, die Dorfaue Hermsdorfs, finden wir südöstlich der heutigen Kirche. Dort, mitten zwischen den teilweise erhaltenen Dorfhäusern - deren jetzige Bauten allerdings ‚nur' aus dem 19. Jahrhundert stammen - stand bis 1756 eine ärmliche Fachwerkkirche. 1753/56 wurde das „Neudorf", nordwestlich des Rundlings, mit einer neuen Kirche angelegt. Es ist möglich, daß es sich dabei um den erhaltenen Bau handelt; es gibt jedoch Quellen, die darauf hinweisen, daß es hier zunächst eine weitere Fachwerkkirche mit einem aufgesattelten Turm gab. In diesem Fall kann auch die heutige Kirche erst um 1830 gebaut worden sein. Doch gleich, ob der erhaltene Bau 1756 oder um 1830 errichtet wurde: Er entspricht in Größe, Stil und Ausstattung dem Standard der Amtskirchen der preußischen Landgemeinden in der zweiten Hälfte des 18. und des frühen 19. Jahrhunderts. Ursprünglich bestand er nur aus dem Kirchenschiff mit dem Turm, ohne die Anbauten der Vorhalle und des Altarraums mit seitlicher Sakristei. 1904 sollte das Gebäude abgerissen werden; auf Einspruch des Denkmalpflegers hin ergänzte man die Anlage 1909 um die vorderen und rückwärtigen Anbauten, um der wachsenden Gemeinde im Schiff mehr Platz bieten zu können, ohne je-

doch gleich einen Neubau zu errichten. 1935 mußte aber doch die zweite Hermsdorfer Kirche gebaut werden.
Das Inventar des schlichten Raumes wurde anläßlich der letzten großen Instandsetzung 1955/56 angeschafft. Der einfache Altar im Chorraum gibt keinen Hinweis darauf, daß es in vorreformatorischer Zeit einen Tafel- oder Flügelaltar mit Schnitzfiguren der Muttergottes, des Heiligen Sebastian und eines Apostels gegeben hat. Seit Abtragung der alten Kirche auf dem Rundling ist kein mittelalterliches Kircheninventar mehr vorhanden. Der bemerkenswert gestaltete Prospekt des ersten Orgelneubaus in Berlin nach dem Zweiten Weltkrieg, den die Orgelbauwerkstatt Sauer aus Frankfurt/Oder 1948/50 schuf, setzt einen interessanten gestalterischen Akzent in das ansonsten einfache Saalinnere.

Über die Berliner Straße – die alte Chaussee zwischen Berlin und Oranienburg – und die Wachsmuthstraße kommen wir zur erwähnten zweiten Predigtstätte Hermsdorfs, der **Apostel-Paulus-Kirche (6)**. Sie entstand 1935 aus dem Saalbau eines bekannten Ausflugslokals – die Namen Schloßstraße und Schloßplatz beziehen sich auf dieses „Zum Waldschlößchen" genannte Lokal – und wurde durch Otto Risse im Rückgriff auf die einhundert Jahre zuvor durch die Schinkelschüler schon einmal zitierten frühchristlichen Kirchenformen mit einem seitlich stehenden, flachgedeckten Campanile ergänzt. Die außen und innen in der Originalgestaltung erhaltene Kirche wurde als „Hindenburg-Gedächtnis-Kirche" eingeweiht. Ein gleichzeitig errichtetes Gemeindehaus ergänzt die Kirche zu einem interessanten Ensemble.
Durch die Schloß-, die Hohefeld- und die Burgfrauenstraße – ständig parallel zur S-Bahn – kommen wir zum Zeltinger Platz in Frohnau. Die **Johannes-Kirche (7)** der Architekten Walter und Johannes Krüger von 1935/36 hatte eine Vorgängerin. Eine umgebaute Turnhalle – seit Fertigstellung der jetzigen Johannes-Kirche dient sie der katholischen St. Hildegard-Gemeinde – war seit 1921 die evangelische Kirche Frohnaus. Die Johannes-Kirche besitzt einen westwerkartigen Turmriegel, der als städtebaulicher Akzent des Zeltinger Platzes – Zentralpunkt der Gartenstadt – große Bedeutung für ganz Frohnau hat. Neben der Erinnerung an märkische Kirchen des 13. Jahrhunderts ist es die Architektur führender Baumeister nach dem Ersten Weltkrieg, die in der Formensprache dieser Kirche zu finden ist und die dem gigantomanischen Neoklassizismus der Baumeister des Dritten Reichs den Weg bereiteten: Walter und Johannes Krüger errichteten auch das stilverwandte Tannenberg-Ehrenmal in Ostpreußen.
Die Verbindung von Kirchsaal und Gemeinderäumen, wie sie Otto Bartning 1909 in der Theorie angeregt hatte, findet hier durch die Anlage des Gemeindesaales im Geschoß unter der Kirche Ausdruck. Bemerkenswert ist der hölzerne Vorbau über die Außentreppe zur Kirche, dessen Stützen mit markigen Schnitzereien zeitgenössischer Form – aber christlichen Inhalts – geschmückt sind: hier finden wir die Symbole der Evangelisten.
Ein Kirchen-Standort war von den Planern der Gartenstadt Frohnau, Brix und Genzmer, schon 1908 festgelegt worden. Dort steht statt dessen heute das **Buddhistische Haus (8)** am Edelhofdamm, das der Arzt Paul Dahlke 1923 begründete und das die einzige baulich konsequent durchgestaltete buddhistische Tempel- und Tempelgartenanlage Europas darstellt.
Durch den Sigismundkorso, die Straße Am Eichenhain, den Kiefheider Weg, die Ruppiner Chaussee, die Straße Am Dachsbau und die Schulzendorfer Straße kommen wir nach Alt-Heiligensee.

Dorfkirche Heiligensee (9)

Die Halbinsel zwischen der Havel und dem Heiligen See wurde um 1230 von nordwestdeutschen Siedlern bebaut. Etwa zur gleichen Zeit, als der Rittersitz des Geschlechtes derer von Bredow gegründet wurde, also etwa 1250, entstand hier auch die erste Kirche. Es war sicherlich eher ein Fachwerkbau, während wir auf dem Teltow – also auch im Süden West-Berlins – aus dieser Zeit Feldsteinkirchen kennen. Wie in Lübars sind hier zwei Maulbeerbäume der Plantage erhalten, die 1719 auf Geheiß Friedrich Wilhelms I. angelegt worden war; der Kirchhof, auf dem diese Plantage die einheimische Seidenproduktion durch Seidenraupenzucht sichern helfen sollte, stammt nachweislich ebenfalls aus dem 13. Jahrhundert. Die Fassadenfassung entstand in der heutigen Form erst 1959. Die deutliche Gliederung der wichtigsten Architekturteile, die in dieser Putzgestaltung aufgenommen sind, waren zuvor durch eine Putzschlämme eher verschleiert. Etwa zu

Dorfkirche Heiligensee

drei Vierteln ihrer Höhe bestehen die Umfassungsmauern aus einem Gemisch von unbehauenen Feldsteinen und Ziegeln. Der Grundriß der Anlage ist nicht rechtwinkelig; die Ecken sind verschoben – auch der Fünfachtelschluß der Ostseite ist nicht gleichwinkelig. Diese und andere Merkmale lassen darauf schließen, daß die jetzige Kirche Ende des 15. Jahrhunderts begonnen worden ist. Dieser spätmittelalterliche ‚Neubau' muß bereits einen Turm gehabt haben, da ein Dreiergeläut, das die Kirche damals besaß, kaum in einem getrennt stehenden Glockenträger untergebracht gewesen sein kann. 1667, nach Zerstörungen im Dreißigjährigen Krieg, fand eine umfangreiche Erneuerung statt. Nachdem damals auch der Turm repariert worden war, ersetzte man ihn 1707/13 durch den heutigen. Die Haube, möglicherweise die Putzgestaltung und vor allem die gebrochene und geschwungene Spitze wurden schließlich 1761 hinzugefügt, worüber die Windfahne Auskunft gibt.

Der Innenraum wird – wie in Lübars, Wittenau und Britz – durch den barocken Kanzelaltar beherrscht, dessen Einfachheit möglicherweise auf reformierte Traditionen zurückzuführen ist. Ältestes Ausbauteil der Kirche ist die Empore: ihr konstruktiver Kern stammt noch aus dem 17. Jahrhundert. Eine Ahnung von diesem Alter bekommen wir angesichts der handbebeilten Innenseite und Oberkante der Brüstung. Das älteste Inventar der Kirche, eine Messing-Taufschale, kam 1647 nach Heiligensee; ihr figürlicher Schmuck, vor allem die Darstellung der Muttergottes in der Beschreibung aus dem 12. Kapitel der Offenbarung des Johannes: „... mit der Sonne bekleidet und den Mond unter ihren Füßen" und dem Christuskind deuten darauf hin, daß die Schale bereits zwei Jahrhunderte früher entstand.

Über die Heiligensee- und die Karolinenstraße kommen wir nach Tegel. Am seeseitigen Ende der gleichnamigen Straße finden wir die **Kirche Alt-Tegel (10)**. Das heutige Bauwerk hatte vier Vorgänger; eine mittelalterliche Kirche bestand wahrscheinlich aus Fachwerk. Eine abermals unter Verwendung dieses Materials 1724 errichtete Saalkirche wurde schon 1756 durch einen massiven Bau ersetzt. Der letzte Bau vor dem jetzigen Gebäude war schließlich ein tiefgreifender Umbau, der 1872 erfolgte.

Das 1911/12 durch Jürgen Kröger errichtete neue Gotteshaus kann seiner Größe und Struktur wegen nicht mehr als Dorfkirche gelten. Romanische Hauptformen und konstruktive Teile vermischen sich in Krögers Entwurf mit Details des Jugendstils; dies war zwar keine Seltenheit – in West-Berlin ist eine derartige ornamentale, ‚synthetische' Entwurfslösung auf der Grundlage romanischer Stilzitate jedoch außerdem kaum noch erhalten. Das Innere bot vor allem durch die ausgemalte Apsis und die Altar- und Inventargestaltung ein hervorragendes Beispiel für eine gelungene, schlüssige Synthese aus Romanik und Jugendstil zu einer seinerzeit ‚modernen' Richtung des Kirchenbaus. Nach erheblichen Schäden im Zweiten Weltkrieg wurde das Gebäude bis 1960 – im Innern stark vereinfacht – wiederhergestellt.

Spandau

(etwa 20 km)

Unser Weg durch Spandau beginnt im Norden des Bezirks, an der Schönwalder Allee. Das **Evangelische Johannesstift (1)** wurde bereits 1858 durch Johann Heinrich Wichern im damals noch ungeteilten Pfarrbezirk der St. Johannis-Kirche (Moabit) gegründet; das Gelände lag dort, wo sich heute der Westhafen erstreckt, dem das Stift weichen mußte. Die große neue Anlage mit den typischen, norddeutsch-ländlich wirkenden roten Ziegelbauten wurde nach Plänen von Otto Kuhlmann mitten im Spandauer Forst errichtet; auch heute, lange nach seiner Bauzeit von 1907–1910, liegt das Stift noch am Rande der Stadt. In der Mitte der Hauptachse steht die Stiftskirche, die wie die übrigen Gebäude durch Solf und Wichards ausgeführt wurde. 1936 und 1967/68 wurde sie durch Wendland und Ochs verändert; vor allem brachte der Umbau durch Karl Wilhelm Ochs eine Purifizierung des ohnehin schon vorher schlichten Inneren. Die Stilformen der Kirche sind nur schwer bestimmten historischen Vorbildern zuzuordnen; eine Verwandtschaft mit mittel- und westdeutschen Schloßbauten der Renaissance ist vor allem in der Ausformung der großen geschweiften Zentralkuppel über dem Vierungsturm zu erkennen, während andere Details – so das Netzgewölbe des Kirchsaals – an die Übergänge der Spätgotik zur Renaissance erinnern. Trotz erheblicher Erweiterung des Stiftes schon in den dreißiger Jahren, vor allem aber nach dem Zweiten Weltkrieg, ist der Bestand von 1910 im wesentlichen erhalten.

Über die Schönwalder Allee und die Schönwalder Straße kommen wir zur Lynarstraße, die uns zum Lutherplatz mit der 1895/96 nach Entwürfen von Fritsch errichteten **Luther-Kirche (2)** führt. Der dreischiffige Bau mit seinem stumpf gedeckten, mächtigen Turm, der neben dem Orgelchor mit der darunterliegenden Ehrenhalle und vor dem südlichen Seitenschiff steht, ist in romanischen Formen gestaltet. Hingegen trägt die Struktur der Bauteile, entsprechend der zeitgenössisch aufgefaßten Asymmetrie des großen Turmes, den Erfordernissen protestantischer Predigtkirchen des späten 19. Jahrhunderts Rechnung. Verwandtschaft in sowohl struktureller als auch ornamental-gestalterischer Hinsicht besteht zur ehemaligen Georgen-Kirche Johannes Otzens am Alexanderplatz, deren stilistische Zuordnung zum sogenannten „Übergangsstil“ zwischen Romanik und Gotik die freie Form des Eklektizismus unterstrich.

Seit Beginn der siebziger Jahre werden Möglichkeiten zur intensiveren Nutzung dieser für den sonntäglichen Gottesdienst zu großen Gemeindekirche gesucht; unter anderem wurde 1981 ein Wettbewerb ausgeschrieben, durch den Konzepte zur Unterbringung aller Funktionen des nach dem Zweiten Weltkrieg gebauten Gemeindehauses der Luther-Kirchengemeinde im Kirchenschiff untersucht wurden. Inzwischen scheint sich eine weitere Nutzungsmöglichkeit abzuzeichnen: neben einem Gottesdienstraum im jetzigen Altarraum und im ersten Joch des Schiffes zusätzlich im übrigen Schiff einen mehrgeschossigen Wohnbau auf der Grundlage des Gedankens an ein christliches Wohnstift zu schaffen. Sollte die Kirche in ihrem ursprünglichen, zur Zeit zu großen Raumvolumen einmal wieder benötigt werden, sollen die Einbauten ohne Schaden für die historische Bausubstanz zu entfernen sein.

Weiter über die Schönwalder Straße, die Neuendorfer Straße, über den Hafenplatz und den Falkenseer Platz, an dessen Nordrand bis zur Sprengung ihrer Ruine die im Zweiten Weltkrieg stark zerstörte evangelische Spandauer **Garnison-Kirche (3)** von 1887/90 des Architekten der Neuen Garnison-Kirche Berlins auf dem Südstern, Roßteuscher, stand, kommen wir zur Straße Am Juliusturm. Die rampenartige Verlängerung dieser Straße, die vom Falkenseer Platz bis zum Haupt der Juliusbrücke führt, zerschneidet die historische Altstadt Spandaus seit den fünfziger Jahren. Die **St. Marien-Kirche am Behnitz (4)** der katholischen Gemeinde Spandaus steht deshalb unglücklich nahe dem Böschungsbereich an dieser Rampe. Die Kirche ersetzte den ersten Bau der Spandauer Katholiken, der für die 1722 aus Lüttich zugewanderten Gewehrarbeiter katholischer Religion, die in den Gewehrmanufakturen Friedrich Wilhelms I. in Spandau angestellt werden sollten, nach ihrem Eintreffen errichtet wurde. Diese erste Kirche, ein armseliger Quadratbau aus Fachwerk, stand östlich der Zitadelle „auf dem Gewehrplan“. Nach einigen Versuchen der Erneuerung mußte dieses Gebäude, vor allem des sumpfigen Baugrun-

N
1
2
3
4
5
6
7
Falkenhagen
Tegelort
Valentinswerder
Stadtpark
Hakenfelde
Falkenhagener Feld
Neustadt
Haselhorst
Spandau
Altstadt
Stresow
Klosterfelde
Gr. Eichholz
Albrechtshof
Gartenstadt
Staaken
Wilhelmstadt
Tiefwerder
Ruhleben
Bf. Johannesstift
Bf. Spandau
B5 E15

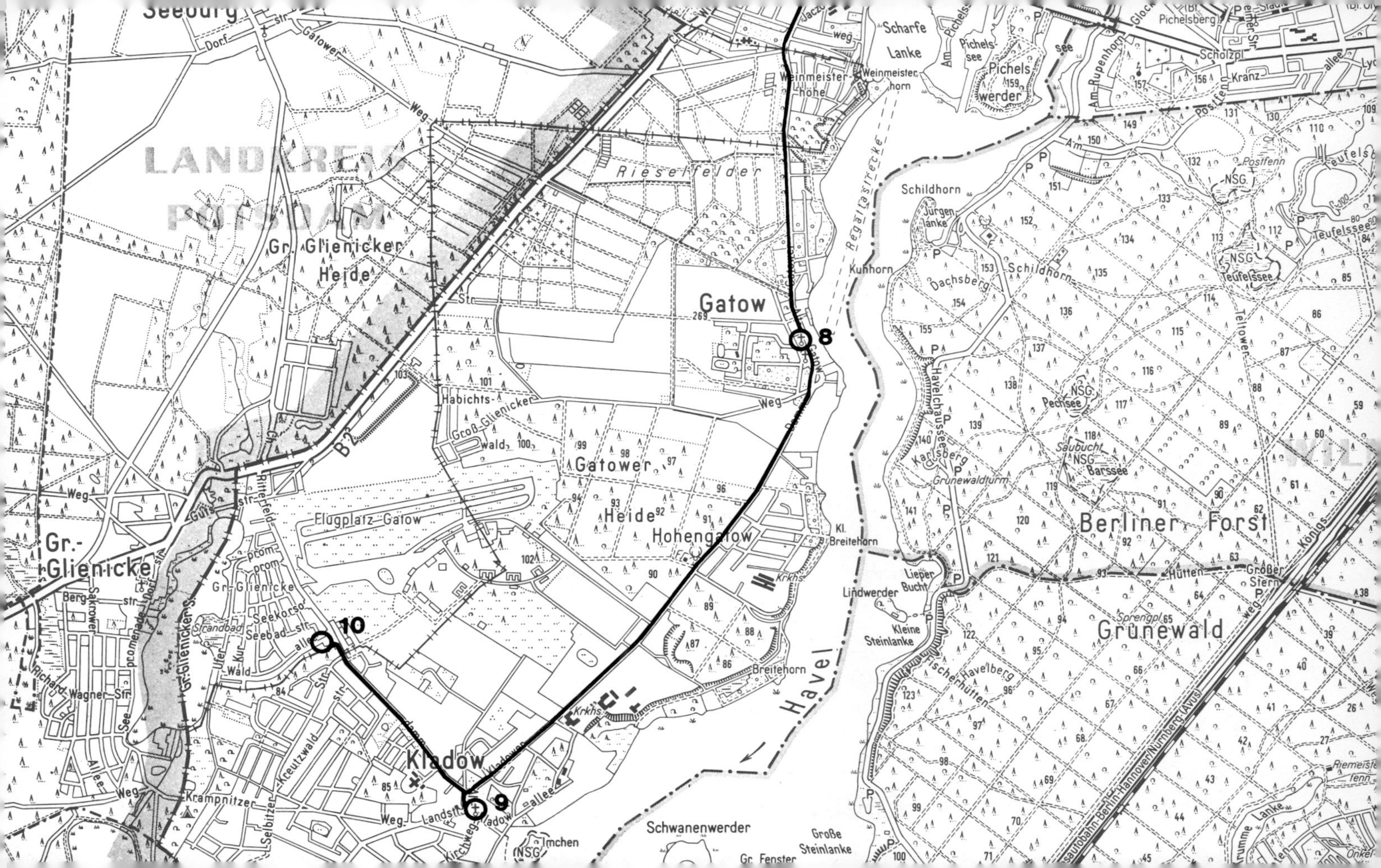

LANDKREIS POTSDAM
Gr. Glienicker Heide
Gatow
Rieselfelder
Gatower Heide
Hohengatow
Flugplatz Gatow
Kladow
Gr.-Glienicke
Havel
Schwanenwerder
Berliner Forst
Grunewald
Schildhorn
Pichelswerder
Scharfe Lanke
Weinmeisterhöhe
Havelchaussee
Grunewaldturm
Lindwerder
Lieper Bucht
Kleine Steinlanke
Große Steinlanke
Breitehorn
Kuhhorn
Regattastrecke
8
9
10

St. Nikolai-Kirche

des wegen, schließlich 1848 abgetragen werden.

Nachdem 1845 der Bau der Marien-Kirche innerhalb der Stadtmauern gestattet worden war, wurde der dreischiffige Bau in den Formen „byzantinischer" Frühromanik nach Plänen des Bauinspektors Manger errichtet. Die große katholische Militärgemeinde Spandaus nutzte neben der Zivilgemeinde im Verlaufe des 19. Jahrhunderts die Kirche mit wachsender Intensität. 1908/10, nachdem durch die Auflassung der Spandauer Befestigungen große Neubaugebiete um den Stadtkern entstanden, mußte schließlich eine größere katholische Kirche errichtet werden. Diese neue **St. Marien-Kirche (5)** erreichen wir über den Altstädter Ring und die Moritzstraße. Der zehneckige Zentralbau nach Entwürfen von Christoph Hehl mit mächtigem vorangestellten Turm verbindet frühchristliche Strukturcharakteristika mit Stilformen märkischer Backsteinarchitektur der Romanik. Eine reiche Ausmalung und Austattung, wie sie in der genannten stilistischen Mischung frühmittelalterlicher Formen an der Steglitzer Rosenkranz-Basilika erhalten ist, wurde bei der Wiederherstellung nach dem Zweiten Weltkrieg nicht rekonstruiert.

Durch die Moritz- und die Carl-Schurz-Straße kommen wir zum Reformationsplatz mit der einzigen mittelalterlichen Stadtkirche in West-Berlin.

St. Nikolai-Kirche (6)

Die gotische Hallenkirche, die wir trotz äußerlicher Ergänzungen späterer Zeit im wesentlichen der Hochgotik des 15. Jahrhunderts zuordnen, ist zu dieser Zeit wahrscheinlich ‚in einem Zuge', also ohne Bauabschnitte, errichtet worden. Zumindest wird dies durch das homogene Äußere aller Ansichten der dreischiffigen Halle impliziert. Die drei Schiffe schließen – wie bei der gleichnamigen ältesten Pfarrkirche Berlins – in einem siebenseitigen Chor. Er führt hier, im Gegensatz zur Berliner St. Nikolai-Kirche, auch heute als Umgang um den zentralen Chorraum mit dem Hochaltar. Alle Fenster an Langhaus und Chor haben nahezu dieselbe Gestaltung; lediglich zwei der Öffnungen des Chorumganges haben Rundbogenschlüsse, während alle übrigen Fenster gotische Spitzbögen tragen. Am Vorjoch setzen im Norden und Süden Kapellenbauten an.

Der Turm, dessen wesentliche Substanz älter ist als die Halle aus dem 15. Jahrhundert, zeigt im Gegensatz zum Kirchenschiff deutlich verschiedene Baustufen. Er ist einziges ‚Beweismittel' für die seit 1240 an dieser Stelle beurkundeten Vorgängerkirchen, über die keine Beschreibungen vorliegen. Seine unverputzten Untergeschosse erhielten zwar nach Entwürfen Schinkels neue Einfassungen der Öffnungen und anderen Schmuck, der bis 1989, zur 450-Jahr-Feier der Reformation in Brandenburg, wiederhergestellt sein wird, ihre ganze Mauersubstanz stammt jedoch aus der Zeit der Vorgängerkirchen. Nach einem Brand der Obergeschosse 1740 wurden etwa zwei Fünftel der Turmhöhe neu errichtet, wobei sie eine barocke Pilastergliederung erhielten. Nicht nur dieser Teil, sondern die gesamte Kirche war damals äußerlich verputzt.

Karl Friedrich Schinkel überformte Turm und Schiff 1839 anläßlich der 300-Jahr-Feier der Brandenburgischen Reformation mit gotisierenden Elementen, wobei die 1744 errichtete Haube des Turms mit Glockendach und Laterne nur durch wenige Schmuckmotive bereichert wurde. Diese Überformung, die 1932 vor allem an den verputzten Obergeschossen des Turms in einen der Barockfassung ähnelnden Zustand ‚zurückgebaut' wurde, kann jetzt zum 450. Jahrestag der Brandenburgischen Reformation wiederhergestellt werden, nachdem das Äußere des Kirchenschiffes bis 1985 unter der Bauleitung des Verfassers im wesentlichen in der Schinkelschen Fassung restauriert wurde. Hierzu wird ab März 1987 im ersten Bauabschnitt das Notdach, das den Turm seit der Wiederherstellung nach dem Zweiten Weltkrieg abdeckt, durch die Gestaltwiederholung der Barockhaube mit dem Schinkelschen Schmuckwerk von 1839 ersetzt. In der Folge wird die Außengestalt des Turmes nach der lückenlos vorliegenden Planung von 1839 rekonstruiert. Schließlich ist geplant, das Turminnere um die ebenfalls 1944 abgebrannten hölzernen Zwischengeschosse originalgetreu zu ergänzen. So soll der Aufstieg in die Laterne der Haube und damit der Ausblick über das Havelland wieder ermöglicht werden, wie ihn Theodor Fontane in seinen „Wanderungen durch die Mark Brandenburg“ beschreibt. Die gesamte Rekonstruktion liegt in den Händen von Karsten Westphal. Sie soll zum Reformationsjubiläum 1989 abgeschlossen sein.

Neben der Ergänzung des Giebels der Südkapelle, die heute die Sakristei beherbergt, zu einem schmückenden Staffelgiebel, neben nicht mehr vorhandenen Emporenausgängen an den Kapellen und einer Umgestaltung der Turmhalle wurde vor allem das Innere des Kirchenschiffes nach der Jahrhundertwende wesentlich umgebaut. Es erhielt dreiseitig umlaufende Emporen, nachdem bereits 1880 eine Orgel von Ladegast das Instrument Wagners von 1732 ersetzt hatte. Der Hauptaltar von 1581, gestiftet durch den Grafen Rochus Guerini zu Lynar, wurde durch Seitenflügel ergänzt und die gesamte Halle in kräftigen, mystisch-dunklen Farben ausgemalt. Von all dem ist nichts mehr vorhanden; die konstruktiven Elemente der Wölbungen und Pfeiler wurden in den fünfziger Jahren beim Wiederaufbau nach dem Zweiten Weltkrieg durch Jürgen Emmerich ziegelroh belassen, während alle Putzflächen dazwischen in gebrochenem Weiß gestrichen sind. Die tektonische Wirkung, die Leichtigkeit des Raumabschlusses und die großzügige Öffnungsflächenbemessung werden hierdurch betont.

Blickpunkt des Inneren ist zweifellos der Altar des Grafen Lynar, der einen gotischen Hochaltar ersetzte. Die Kirche besaß bis zur Reformation zahlreiche Nebenaltäre, die vor allem von Zünften und Bruderschaften gestiftet

Taufkessel St. Nikolai-Kirche

worden waren. Das einzigartige Bildwerk des Lynaraltars umfaßt außer den eindrucksvollen Darstellungen aus Heilsgeschichte, Passion und Offenbarung auch die im Halbrelief anbetend gezeigten Mitglieder der Familie des Stifters, der außer Kurfürst Joachim II., der hier in St. Nikolai 1539 das Abendmahl in beiderlei Gestalt einnahm und dadurch die Reformation einleitete, als die für Spandau und diese Kirche wichtigste Persönlichkeit der Reformation gelten kann: der Festungsbaumeister der Spandauer Zitadelle bereitete an der Seite des Hugenottenführers Coligny, vor allem als Marschall im zweiten Hugenottenkrieg 1567/68, dem Protestantismus den Weg.

Ältestes Prinzipalstück in der Kirche ist der bronzene Taufkessel von 1398. Er stand bereits in der Vorgängerkirche, während die Triumphkreuzgruppe 1540 in der erhaltenen Hallenkirche aufgestellt wurde. Sie befand sich – wie ähnliche Kunstwerke vielerorts noch heute – auf einem Balken unterhalb des Bogenansatzes vor dem Vorjoch des Mittelschiffes. Ihr Standort wechselte mehrfach, bis sie schließlich über dem Zugang zur ursprünglichen Marienkapelle, der späteren Ribbeckschen Gruftkapelle und heutigen

Nordkapelle Platz fand, in der eine Kopie der in Ost-Berlin erhaltenen Spandauer Madonna aufgestellt werden wird, um an die Geschichte dieser Kapelle zu erinnern.
Eine Kanzel gab es in St. Nikolai seit 1531. Die heutige Kanzel stammt aus der Kapelle des Potsdamer Stadtschlosses und wurde 1714, wenige Jahre nach ihrer Anfertigung, wegen eines Umbaus der Kapelle in die Spandauer Johannes-Kirche gegeben. Als diese Kirche 1903 abgebrochen wurde, kam die Kanzel nach St. Nikolai, wo sie das alte Prinzipalstück ersetzte. In der Symbolik des barocken Werks aus dem Potsdamer Schloß ist preußische Geschichte ablesbar: Die Bärentatzen und der preußische Adler deuten auf die wendische und hohenzollernsche Herrschergeschichte hin. Zahlreiche erhaltene Epitaphien an den Umgangswänden und die mit Originalsärgen erhaltene Gruft der Familie Lynar unter dem Altar geben Auskunft über Reichtum und Frömmigkeit der Spandauer Bürgerschaft und des Landadels; die mit ihrer gotischen Holztür erhaltene Sakramentsnische im Chorumgang weist uns hingegen weit in die Zeit der ungeteilten Kirche zurück.

Über den Altstädter Ring und die Klosterstraße, an der sich etwa dort, wo heute das moderne Gebäude der Post vor dem Haupt der Dischinger Brücke steht, einst das Spandauer Benediktinerinnenkloster befand, und durch die Wilhelmstraße gelangen wir zur **Melanchthon-Kirche (7)** des Architekten von Lancizolle, die 1893 als erste ‚Tochter' von St. Nikolai errichtet wurde. Die Kirche der erst seit 1916 selbständigen Gemeinde zeigt im Äußeren Formen einfacher, märkisch-norddeutscher Backsteingotik, während das schlichte Innere noch einmal an die ‚sparsame' Deckenlösung der vor allem in frühromanischen, „byzantinischen" Formen errichteten Kirchen der Schinkelschule anknüpft: Die Decke ist in einfachem, sichtbaren Stabwerk konstruiert, ohne jedoch die tatsächliche Dachform des Bauwerks nachzuvollziehen, wie es beispielsweise beim ursprünglichen Inneren der St. Matthäus-, der St. Jacobi- und der Schinkelschen St. Johannis-Kirche der Fall war. Nach dem Wiederaufbau 1954/56 durch Emil Fangmeyer, der auch das Notdach auf dem Turm von St. Nikolai errichtete, wurde sie durch Bildwerke von Gerhard Schreiter ausgestattet.
Wir folgen der Gatower Straße in südlicher Richtung, bis wir das Dorf an der Straße Alt-Gatow, oberhalb des Havelhanges, erreichen.

Dorfkirche Gatow (8)

Der älteste Teil dieser Kirche, der Rest einer Wehrkirche aus dem 14. Jahrhundert, nimmt den Westteil des Langhauses ein, markiert durch die im 15. oder 16. Jahrhundert angefügten Strebepfeiler. Ein deutlicher Mauerabsatz ist an der Südseite zu erkennen, wo dieser Teil endet. Der Ostteil des Schiffes, ebenso wie der Ursprungsbau aus nachlässig behauenen Feldsteinen, wurde im 15. Jahrhundert errichtet. Möglicherweise gab es damals noch einen Westturm aus der Erstzeit der Kirche; hierauf können die äußeren Strebepfeiler ebenso hinweisen wie auf eine beabsichtigte oder durchgeführte und nicht erhaltene Einwölbung der Kirche. Der Altarraum wurde 1868/69, die Sakristei 1913 jeweils östlich angefügt.
An der Nordseite erblickt man unter dem Turm ein Fenster der Erstzeit der Kirche. Die Fenster des Schiffes, im 15./16. Jahrhundert angelegt, erhielten ihre Rundbögen erst im 19. Jahrhundert. Eine ehemalige gotische Südpforte wird seit ihrer Vermauerung 1935 durch ihr gelb-geflammtes Formziegelgewände markiert. Das Westportal ist als einziger Zugang erst 1935 entstanden und erhielt 1953 das heutige Aussehen. Der Turm stammt wahrscheinlich aus der Zeit nach dem Dreißigjährigen Krieg. Nach verschiedenen Bedeckungen, auch einer Barockhaube, wie sie auf der Schöneberger Dorfkirche erhalten ist, erhielt der Turm schließlich 1953 sein schlichtes Spitzdach mit der willkürlich gewählten Jahreszahl „1350" auf der Windfahne.
Auch das Innere ist 1953 in der heutigen Form gestaltet worden. Bedingt durch konstruktive Sicherungsmaßnahmen wurden damals die Balkendecke und das Dachtragwerk erneuert, wobei man die Decke höher legte. Die dreiseitigen Emporen waren schon 1935 um ihre Seitenteile verkleinert worden; eine neue Orgel ersetzte 1953 das Potsdamer Instrument von 1877. Der barocke Kanzelaltar, in für derartige Anlagen typischer Weise durch Schnitzwerk und Kassettierungen an schlichtem Kanzelkorb und Schalldeckel gestaltet und hell gefaßt, 1741 gefertigt und 1935 um seitliche Sichtschranken vor der Treppe erweitert, wurde 1953 entfernt. An seine Stelle trat über der gemauerten Mensa ein mittelfränkisches Tafelbild aus der Berliner St. Ma-

Dorfkirche Gatow

rien-Kirche, das etwa 1495 gemalt wurde und um die Szene der Beweinung Christi die Heiligen Barbara und Dorothea sowie die Stifterfamilie des Patriziers Martin Wins zeigt. Ältestes Zeugnis aus der Frühzeit der Kirche ist der Abendmahlskelch von 1585; andere wertvolle Inventarien kamen erst in den letzten Jahrzehnten durch kunstsinnige Gemeindeglieder in die Kirche.

Der Kladower Damm führt uns nach Verlassen des Dorfes Gatow südwärts nach Kladow, das ebenfalls unmittelbar am Uferabhang der Havel liegt. Im Gegensatz zu den meisten alten Dörfern finden wir hier keinen geschlossenen Anger mehr; die Durchgangsstraßen von Gatow, Seeburg, Groß-Glienicke und Sakrow haben die Ursprungsform des Dorfkerns schon vor langer Zeit zerschnitten.

Dorfkirche Kladow (9)

Die Kirchhofsmauer, die wir auf dem Weg zur Kirche passieren, ist die einzige in West-Berlin original erhaltene Mauer, die im 18. Jahrhundert zum Schutz der durch königlichen Erlaß auf den Kirchhöfen angelegten Maulbeerplantagen errichtet wurde. Die preußische Seidenraupenzucht sollte einheimische Seidenproduktion ermöglichen; das rauhe Klima ließ die Pflanzen jedoch meist eingehen. Anstelle der heutigen Kirche gab es einen Feldsteinbau, der erstmals im 14. Jahrhundert errichtet wurde. Der Grundriß dieser Vorgängerkirche ist erhalten geblieben; 1808 brannte der mittelalterliche Bau bis auf die Grundmauern ab. Aus Gründen kriegsbedingter Sparsamkeit baute man das Gotteshaus unter Verwendung der stehengebliebenen Reste – ähnlich der Rixdorfer Kirche nach dem Dreißigjährigen Krieg – 1818 wieder auf. Hierbei bediente man sich jedoch nicht der zeitgemäßen klassizistischen Bauweise – so wie wir den Bau heute wahrnehmen –, sondern überformte den einfachen Saalbau und den aufgesattelten Turm mit gotisierenden Elementen. Dieser Wiederaufbau stand durchaus in der Tradtion der Gestaltung des preußischen, barockverbundenen Frühklassizismus – diesen Geist, der sich hier damals nicht in der Ornamentik der Architektur niederschlug, versuchte man auch anläßlich der 1953 durchgeführten Grunderneuerung zu beschwören. Statt der Spitzbögen bekamen die Fenster Korbbo-

Dorfkirche Kladow

genschlüsse; spitzbogige Friese und gotische Ziermotive wichen einer ‚schlüssig' klassizistisch gestalteten Dorfkirche. Hierdurch wurde ein für Berlin frühes Zeugnis historistischer Architektur, 1818/19 durchaus noch Ausnahme, der Demonstration des für die Bauzeit der Kirche eher ‚gängigen' Stils geopfert.

Das Innere gestaltete man anläßlich der Instandsetzung 1953 gründlich neu und stattete es mit neuen, einem schlichten Klassizismus nachempfundenen Inventarien aus. Ausnahme hiervon ist der Orgelprospekt; er stammt aus der Zeit nach dem Wiederaufbau der Kirche von 1818 und zeigt in der Auflösung in drei „Türme" die typische Gestaltung kleiner Orgeln der Zeit um 1830/40. Das Werk dieses Instruments wurde 1865 und 1953 erneuert. Deshalb ist hier – einzig in West-Berlin – zu sehen, aber nicht mehr zu hören, wie diese nur für die Begleitung des Gemeindegesangs gedachten Orgeln gestaltet waren.

Anstelle des abschließenden Ostgiebels, vor dem bis 1953 der Kanzelaltar aus der Zeit des Wiederaufbaus von 1818/19 stand, ist seitdem ein breiter Saalbau an die eigentliche Kirche angefügt. Aus mittelalterlicher Zeit ist der 1520 restaurierte Abendmahlskelch erhalten geblieben. Seine Gravuren und die Darstellung des aus einem geöffneten Sarkophag auferstandenen Christus geben einen Eindruck von der volksnahen Symbolik der vorreformatorischen Zeit.

Über den Ritterfelddamm, die alte Verbindung zum heute in der DDR liegenden Seeburg, gelangen wir zur „Siedlung Wochenend West", einem in den zwanziger Jahren angelegten Ferien- und Sommerhausgebiet der Gemarkung Groß-Glienicke, deren Dorf auf der anderen Seite des gleichnamigen Sees im Landkreis Potsdam/DDR liegt. Eigentlich liegt auch die Wochenendsiedlung bereits im Landkreis Potsdam; durch Gebietsaustausch zwischen dem Britischen Sektor von Berlin und der DDR wurde in den fünfziger Jahren der Grenzverlauf durch die beiden Militärflughäfen Gatow und Staaken bereinigt, so daß je ein Flughafen ganz in West-Berlin und im DDR-Landkreis liegt. Hierbei kam Staaken zur Hälfte an die DDR; „Wochenend West" wurde von Groß-Glienicke getrennt und liegt seitdem in West-Berlin.

Am Gottfried-Arnold-Weg, gleich hinter der alten, am Straßenpflaster erkennbaren Grenze zu Potsdam, steht die **Schilfdachkapelle „Zum Guten Hirten" (10)** der Kirchengemeinde „Am Groß-Glienicker See". Sie wurde 1951/53 durch Studenten nach Plänen von Klemens Weigel errichtet, um dem Westteil der Gemeinde als Ersatz für die im alten Dorf ‚auf der anderen Seite' stehenden Dorfkirche zu dienen. Sie umfaßt einen schlichten Kirchsaal mit gediegenen Holzeinbauten für Vorhalle und Empore. Ihrem reetgedeckten Satteldach entspricht das Zeltdach des freistehenden Glockenträgers aus Rundhölzern.

Fachwort-erklärungen

Apsis: griech. „Rundung". Raumabschluß auf einem Grundriß in der Form eines Kreisbogens, zumeist eines Halbkreises.
Atrium: lat. „Innenhof". In der römischen Antike zunächst der Innenhof von Wohnhäusern. In der frühchristlichen und frühmittelalterlichen Kirchenarchitektur der Vorhof vor der Basilika, von Arkaden umschlossen.
Attika: Schmaler, geschlossener oder aus Balustern („Balustrade") bestehender Mauerstreifen über dem abschließenden Gesims des Bauwerks. Verdeckt das Dach oder einen Teil davon.
Bandrippe: siehe unter **Gewölbe.**
Basilika: griech. „Königshalle". In der römischen Antike mehrschiffige Halle mit zumeist höherem Mittelschiff, das durch Fenster im „Obergaden", dem Mauerstreifen über den Seitenschiffen, zusätzlich belichtet wurde. Diente als Markt- und Gerichtsstätte. Wurde in der frühchristlichen Architektur für den Kirchenbau übernommen und erhielt zusätzliche Strukturteile, wie die für den Gottesdienst erforderlichen Unterteilungen und Anbauten. Grundform und Vorläufer der mittelalterlichen Sakralbauten.
Biberschwanzziegel: Flacher Dachziegel mit vielgestaltiger, im Dachverband sichtbarer Unterkante. Neben den häufigsten, den spatenförmigen Ziegeln mit Segmentbogenkante gibt es beispielsweise spitz- und rundbogige Ausformungen.
Campanile: von ital. Campana „Glocke". Freistehender Glockenturm neben italienischen Kirchen.
Chor: Raumteil mittelalterlicher Kirchen, der ursprünglich dem Klerus vorbehalten war. Seit dem 8. Jahrhundert wurde in den Kirchen zwischen Querschiff und Apsis ein „Chorquadrat" gebaut, um diese Funktion zu übernehmen. Vom hohen Mittelalter an bezeichnete man Hochaltarräume grundsätzlich als Chor.
Dachreiter: Kleiner Turm, auf dem Dachfirst „reitend".
Eklektizismus: Stilepoche in der zweiten Hälfte des 19. Jahrhunderts. Einzelne Elemente verschiedener früherer Epochen wurden nebeneinander am gleichen Werk ausgeführt.
Epitaph: griech. „Grabschrift". Erinnerungsmal für einen Verstorbenen oder mehrere Glieder einer Familie, in oder an Kirchen angebracht, oft ohne unmittelbare Nähe zur tatsächlichen Grabstelle.
Fasche: Zumeist einfach abgesetzte, um eine Fensteröffnung laufende, flache Kante oder nur farbliche Liniengestaltung, in der Fassadenebene liegend oder nur wenig davor oder dahinter.
Fiale: von griech. phiale „Gefäß". Schlankes, spitzes Türmchen der Gotik, meistens auf Strebepfeilern und bei Wimpergen (siehe dort). Auf Grund der Kleinheit massiv, ohne „Innenleben".
Formziegel: Ziegelstein mit zum Teil aufwendiger Profilierung. Schon in der Romanik durch lagenweise in Formen gepreßtes Tonmaterial gefertigt. Beispiel: birnenförmige Rippen gotischer Gewölbe, sogenannte „Birnstäbe" wurden, wenn nicht aus Naturstein, dann aus Formziegeln errichtet.
Fries: Bemalter oder plastischer Schmuckstreifen zur Betonung oder Abgrenzung von Bauteilen.
Gewände: Seitenflächen der Fenster- oder Portalnischen.
Gewölbe: Kurvenförmige Raumdecke aus Ziegel- oder Natursteinen. „Falsche" Gewölbe wurden auch aus anderen Materialien hergestellt, sind jedoch nicht selbsttragend. Die einzelnen, ungebrochenen Flächen der Gewölbe, die Kappen, können tragende Funktion haben. Bei Rippengewölben übernehmen die sichtbaren Rippen oft diese Aufgabe. Das einfach Tonnengewölbe mit halbzylindrischer Form ist vielfach aus dem frühen Mittelalter erhalten geblieben. Das Kreuzgratgewölbe mit tragenden Kappen ohne trennende Rippen und das Kreuzrippengewölbe ist die in Romanik und Gotik häufigste Gewölbeform. Beiden gemeinsam sind die charakteristischen vier Kappen mit diagonal kreuzenden Brechungskanten. Die einfachste Form der Gewölberippe ist die Bandrippe, die aus rechteckigen Ziegeln oder Natursteinen hergestellt wurde. Die „Joche", die Querreihen der Gewölbe, werden durch „Gurtbögen" voneinander getrennt, seitlich werden sie durch „Schild"- oder „Scheidbögen" geschlossen.
Giebelreiter: Seitlich offener Glockenträger, der aus dem Giebelscheitel heraus über den Dachfirst aufragt; oft turmartig gestaltet.
Glockendach: Im Gegensatz zur vorwiegend

in Süddeutschland anzutreffenden „welschen Haube“ eine Dachform, die einen unteren konkaven Bogen der Sparren mit einem oberen konvexen Bogen und oft mit einer wieder konkav ausschwingenden Spitze verbindet, ohne dabei Absätze, „Brechungen“ zu haben. Die ein- oder zweimal horizontal gebrochene „Welsche Haube“ war wie das Glockendach vielfach als Turmabschluß gebaut worden.

Historismus: Stilepoche vor allem des 19. Jahrhunderts. Es wurden Formen und Strukturen vergangener Kunstepochen, in der Architektur vor allem die Gotik und die Romanik, wiederholt und teilweise „weiterentwickelt“, wobei keine „Stilbrüche“, wie im Eklektizismus (siehe dort) vorkamen.

Joch: siehe auch unter **Gewölbe.** Gliederungsabschnitt, der sich in eingewölbten Räumen gereiht wiederholt. Ein einschiffiger Raum und jedes Schiff eines mehrschiffigen Bauwerks hat soviele Joche, wie Gewölbefelder hintereinanderliegen. Die nebeneinander liegenden Joche mehrerer Schiffe bilden eine Jochachse.

Kämpfer: Unterer Ansatz eines Bogens oder Gewölbes. Auch feststehende Querstäbe bei Türen und Fenstern.

Kanzelaltar, auch **Kanzelreiter:** Kombination aus hoch aufgehängtem oder freistehendem Kanzelkorb mit Schalldeckel, symmetrisch angelegter, gestalterisch einbezogener Treppenanlage oder verdeckter Treppe und einer vor dem geschlossenen Kanzelsockel angebrachten Altarmensa.

Kapitell: lat. „Köpfchen“. Geschmücktes Kopfstück von Säule oder Pfeiler.

Kappe: siehe unter **Gewölbe.**

Klosterziegel: Kurzbegriff für „Ziegel im Klosterformat“. Großformatiger Ziegelstein des Mittelalters, dessen Maßordnung in den Klosterziegeleien entwickelt wurde. Authentische Klosterziegel sind „handgestrichen“, von Hand gefertigt.

Komturei, auch **Komturhof:** Hofburg eines Ritterordens.

Korbbogen: Rundbogen, der in der Mitte gedrückt, also abgeflacht ist.

Kragstein: Vorstehender, herausragender Stein. Konsole, Basis für Bögen, Gewölbedienste und anderes.

Langhaus: Hauptschiff der Basilika. Hauptschiff und Chor der mittelalterlichen Kirche.

Laterne: Aufbau auf Kuppeln und über Gewölben. Mit Fenstern als Oberlicht oder offen als Galerie mit pavillonartiger Überdachung.

Lisene: Senkrechter, vorstehender Mauerstreifen, ohne weitere Ausschmückung. Klare, geometrische Wandgliederung.

Mensa: lat. „Tisch“. Ursprünglich natursteinerne Deckplatte des geweihten Altars jeder Kirche, aus einem Stück gefertigt. Später generelle Bezeichnung für den Altartisch.

Oktogon: griech. „Achteck“. Geometrische Figur. Grundrißform, vor allem in der Romanik, aber auch bei antiken und neuzeitlichen Zentralbauten.

Palmette: franz. „Palmenbäumchen“. Antikes Schmuckmotiv mit angedeuteten Palmwedeln.

Pilaster: Pfeiler, Vorlage vor der Wand. Mit Gliederungselementen von Säulen wie Kapitell und Basis, jedoch mit rechteckiger Grundfläche.

Polygon: griech. „Vieleck“. Kurzbezeichnung für Baukörper mit vieleckigem Grundriß. So beispielsweise für fünf- und mehrseitige Chorabschlüsse (siehe auch unter **Chor).**

Portikus: lat. „Halle“. Offener Vorraum, der oft nur als „Vordach“ wahrzunehmen ist. In der Antike als mit Säulen gestützter Giebel ausgebildet; in ähnlicher Gestaltung in der Neuzeit oft als Schmuckelement ohne räumliche Tiefe verwandt.

Prinzipalstücke: Die zu den Hauptteilen des Gottesdienstes und zu Amtshandlungen benötigten Ausstattungsstücke des Gottesdienstraumes, die ihn als Sakralraum kennzeichnen. Altar, Kanzel und Taufe.

Prospekt: Schauseite, Fassade der Orgel. Oft ist damit das ganze Orgelgehäuse gemeint, wenn es besonders gestaltet ist.

Putto, Putte: Engelskulptur des Barock, in Kindergestalt. Oft wurden nur Puttenköpfe mit seitlichen Engelflügeln als Schmuck verwandt.

Pultdach: Einseitig abfallende Dachfläche.

Pyramidaldach, auch **Zeltdach:** Dach mit vier schrägen „Walm“-Flächen, ohne First in einem zentralen Hochpunkt endend.

Risalit: Teil der Fassade, der vor die Gebäudeflucht tritt und oft durch besonderen Schmuck und eine hervorhebende Bekrönung ausgezeichnet ist.

Rosette: Schmuckform aus stilisierter Blüte. Oft auch Bezeichnung für hauptsächlich in der Gotik angewandte Rundfenster mit diesem Gestaltungsmerkmal, wegen ihrer Teilung auch Fenster-„Rose“ genannt. Das neben diesem reicher verzierten Rundfenster auch häufig vorkommende „Radfenster“ hat speichenförmige Teilungen.

Sakramentshaus, auch **Sakramentsnische:** siehe unter **Tabernakel.**

Scheidbogen: siehe unter **Gewölbe.**

Segmentbogen, auch **Flach- oder Stichbogen:** Bogen als oberer Öffnungsabschluß, auch als Gewölbekappe („Stichbogentonne"), in der Form eines Kreisbogenausschnitts, mit seitlich stumpfen Anschlußwinkeln.

Signierturm, -glocke: Zumeist Dachreiter auf dem Kirchendach, in dem eine kleine Glocke die Hauptteile des Gottesdienstes „signiert", also durch Geläut bezeichnet. Als Signierglocke kann auch die kleinste Glocke des Geläutes dienen.

Skelettbauweise: Im Gegensatz zum homogenen Massivbau werden hier zunächst Holz-, Stahl- oder Stahlbetonstützen und -balken als konstruktives Gerüst aufgestellt. Dazwischen, davor oder dahinter bildet dann eine nichttragende Wand den Raumabschluß.

Sohlbank: Mauerkante unter einem Fenster. Außen schräg zum Fenster hin ansteigend, zur Ableitung des Regenwassers, innen meist vom Fensterbrett (Fensterbank) bedeckt.

Stichbogen: siehe unter **Segmentbogen.**

Stichkappe: Gewölbekappe (siehe auch unter **Gewölbe**), die ein Tonnengewölbe seitlich einschneidet; zumeist über Wandöffnungen.

Tabernakel, lat. „Hütte"; auch **Sakramentshaus,** gelegentlich **Sakramentsnische:** Ort der Aufbewahrung der geweihten Abendmahlsgaben.

Tambourkuppel: Kuppel über einem zylindrisch geformten Unterbau, dem trommelartigen „Tambour".

Traufgesims: Abschlußgesims der Außenwand unterhalb der Dachtraufe, der tiefsten Kante des Daches.

Triumphbogen: Neben dem antiken, in Barock und Klassizismus wiederbelebten Bogen zur Ehrung von Herrschern und Feldherren gibt es den genauso genannten Bogen in mittelalterlichen und neuzeitlichen Kirchen, der sich zwischen dem Langhaus und der Vierung oder dem Chor befindet. Sein hervorhebender Schmuck und die ihn oft begleitenden Stufen zum höherliegenden Chor- oder Altarraum markieren ihn als Symbol der Trennung der Laienkirche vom „Heiligen Raum" der Geistlichen.

Triumphkreuz: Kruzifix, in einem Triumphbogen aufgehängt oder – mit den Nebenfiguren der Maria und des Jüngers Johannes zur „Triumphkreuzgruppe" ergänzt – auf einem Triumphbalken aufgestellt, der sich in der Regel quer durch das Hauptschiff unterhalb des Bogenansatzes des Triumphbogens oder eines benachbarten Gurtbogens spannt.

Triptychon: griech. „Drei(fach)bild". Dreigeteiltes Altarbild mit festem Mittelteil und meist beweglichen Seitenflügeln.

Tympanon: Schlichtes oder geschmücktes Giebelfeld antiker Bauten. Auch: Bogenfeld über einem mittelalterlichen Portal.

Vierung: Bauteil mittelalterlicher Kirchen, in dem sich Langhaus und Querschiff durchdringen.

Volute: Schmuckform antiker Architektur, in der Renaissance wiederaufgegriffen. Gewundenes, an den Enden eingerolltes Band mit parallelen Profilierungen.

Walmdach: Dach mit vier geneigten Seiten, wobei zwei gegenüberliegende Seiten einen gemeinsamen First bilden. Die anderen beiden Schrägen sind die „Walme", ohne die das Dach auf zwei Giebeln liegen würde und ein „Satteldach" wäre.

Wehrbalken: Querliegender Holzbalken an der Innenseite eines Portals, der, in Mauertaschen an den Seiten eingeschoben, die Türflügel gegen ein Aufdrücken von außen sichert.

Weihekreuz: Katholische Kirchen werden an den Wänden aller vier Himmelsrichtungen durch je drei, außerdem an den Pfosten des Hauptportals durch zwei Kreuze geweiht. Sie sind in Stein gehauen oder gemalt.

Welsche Haube: siehe unter **Glockendach.**

Westwerk: Turm oder turmähnlicher Bau, vielen romanischen Kirchen vorangestellt. In der Regel von gleicher Breite wie das Kirchenschiff, oft mit quergestelltem Satteldach oder stumpfer Haube. Große Kirchen besitzen häufig seitlich davon angeordnete, höhere und schlanke Türme.

Wilder Verband: Mauerwerk aus Ziegeln derselben Maßordnung, das jedoch ohne System, ohne Regelmäßigkeit aufgemauert ist. Auch: Verband aus unbehauenen oder wenig abgerichteten Natursteinen ohne ordentliche Lagerfugen.

Wimperg: Hoher Ziergiebel in der Gotik über Fenstern und Portalen.

Zwickelstein: Natursteinscherbe, abgespaltenes Material, mit dem breite Fugen zwischen wenig oder gar nicht behauenen Feldsteinen ausgekeilt werden.

Matthias Hoffmann-Tauschwitz, geboren 1956 in Bremen, lebte dort bis zum Abitur. Dienstzeit bei der Marine in Schleswig-Holstein und Wilhelmshaven.
Bei Auslandsaufenthalten, unter anderem in den USA, faszinierte ihn Architektur. Bis 1980 Architekturstudium mit Schwerpunkten Architekturgeschichte, Denkmalpflege und Kirchenbau.
Nach Diplom seit 1981 im Kirchlichen Bauamt der Evangelischen Kirche Berlin-Brandenburg (Berlin West) tätig, zunächst technisch-bauleitend, jetzt vor allem für baukünstlerische Belange, Entwurfsprüfung, kirchliche Denkmalpflege und Kirchenbaugeschichte in Berlin (West) zuständig.
Seine besondere Liebe gilt der Kirchenmusik, vor allem den Chor- und Orgelwerken.

Alte Kirchen in Berlin
33 Besuche bei den ältesten Kirchen im Westteil der Stadt.

Text: Matthias Hoffmann-Tauschwitz. Fotos: Harry C. Suchland. 320 Seiten, zweifarbig, 326 Duplex-Fotos, Großformat, gebunden mit Schutzumschlag, 68,– DM.

Der große Bildband über die ältesten Kirchen im Westteil der Stadt. Von Liebhabern gemacht, für Liebhaber gedacht. 326mal meisterlich fotografiert. Im Duoton gedruckt. Geschichtsbuch und Bildarchiv zugleich. Im Textteil zuverlässig nach jüngster Forschung. Nicht nur ein wesentlicher Beitrag zur Geschichte der Kirche in Berlin und Brandenburg, sondern auch: Berliner Stadt- und Baugeschichte.

Etwa zwei Drittel des Werkes nehmen die von Harry C. Suchland geschaffenen Fotos ein. In den Textteilen gibt Matthias Hoffmann-Tauschwitz fachmännisch Auskunft zur Geschichte des Berliner Kirchenbaus. Er bezieht die alten Kirchen im Ostteil der Stadt und in der Mark gebührend ein. Erstmals stellt er die behandelten Kirchen aus rund 650 Jahren in ein bauhistorisches System, das von ihrem heutigen Erscheinungsbild ausgeht. Er führt durch besondere Artikel in die Epochen der regionalen Baugeschichte ein und markiert ebenso typische Entwicklungsstufen der Kirchenbaus. Vor diesem Hintergrund gibt er zu jeder Kirche einen fundierten Abriß ihrer Geschichte, beschreibt und bewertet den gegenwärtigen Zustand. Mit zahlreichen Hinweisen auf bauliche Besonderheiten und Ausstattungsdetails überrascht er selbst Kenner der Materie. Nirgendwo sonst kann man die 750jährige Geschichte Berlins so anschaulich erleben wie in den alten Kirchen dieser Stadt.

Wichern Wichern-Verlag GmbH · Bachstraße 1-2 · 1000 Berlin 21

Berliner Kirchen

Günther Kühne / Elisabeth Stephanie: Evangelische Kirchen in Berlin. 512 S. mit 340 Abb., zahlreichen Grundrissen und Karten, 2. Aufl., geb. 28,– DM.
Horst Behrend: St. Peter und Paul auf Nikolskoe. 64 S., 8 Abb., kt. 6,80 DM.
Frank Pauli: Kirchtürme. Streiflichter aus dem evangelischen Berlin. 64 S., 56 Abb., kt. 5,80 DM.

Das besondere Buch

Gertrud Weinhold: Der Friedefürst. Leiden, Kreuzestod und Ostersieg des Herrn Jesus Christus im Zeugnis der universalen Volkskunst. Geleitwort Richard von Weizsäcker. Eine volkskundliche Sammlung ersten Ranges. 216 S., Großformat, 212 vierfarbige Fotos, geb. 68,– DM.
Martin Kruse: Aufmerksamkeiten. Randbemerkungen eines Bischofs. Zusammengelesen von Haymo Alberts. Miniaturen der Besinnung im Alltag. 144 S., kt. 16,– DM.

Poetische Zeitansage

Wolfgang See: Altjahrsabend, Roman eines Kutenpredigers. Literarisches Zeitdokument über den Zustand der Kirche, unnachahmlich treffsicher erzählt. 212 S., geb. 26,– DM.

Zeitgeschichte

Peter Heilmann (Hg.): So begann meine Nachkriegszeit. Männer und Frauen erzählen vom Mai '45. „Eine sehr persönliche Geschichtsschreibung, die mehr auszusagen vermag, als ideologische Abhandlungen." 168 S., mit 56 Fotos, kt. 18,– DM.

Christen in der DDR

Reinhard Henkys: Gottes Volk im Sozialismus. Wie Christen in der DDR leben. Eine Pflichtlektüre für alle, die Kontakte zur DDR haben. 128 S., kt. 9,80 DM.
Johannes Jänicke: Ich konnte dabeisein. Der Lebensweg des Johannes Jänicke (1900-1977) vom Elternhaus der Berliner Stadtmission durch den Kirchenkampf unter ostpreußischen Bernsteinsuchern, die Aufbaujahre der DDR, zum Bischofsamt in Sachsen, von ihm selbst erzählt. 2. Aufl., 248 S., kt. 24,– DM.

Kirche unterwegs

Wolfgang See / Rudolf Weckerling: Frauen im Kirchenkampf. Beispiele aus der Bekennenden Kirche in Berlin-Brandenburg 1933-1945. 144 S., 18 Fotos, mit dokumentarischem Anhang, 2. Aufl., kt. 18,– DM.
Hartmut Walsdorff (Hg.): Warum ich Pfarrer wurde. Männer und Frauen erzählen von ihrem Weg ins Pfarramt. 212 S., mit zahlreichen Fotos, kt. 19,80 DM.

Lebensbilder

Otto Dibelius: So habe ich's erlebt. (Hrsg. v. W. Dittmann), 368 S., 34 Abb., br. 28,– DM.
Wolf-Dieter Zimmermann: Gerechtigkeit für die Väter. Einsichten und Erfahrungen. 240 S., br. 29,80 DM.

Theologie, Kirchengeschichte

Horst Behrend: Lukas Cranach. Maler der Reformation. 64 S., 30 Abb., geb. 16,80 DM.
Jahrbuch für Berlin-Brandenburgische Kirchengeschichte. Lieferbar ab 38. Jahrgang 1963, 55. Jahrgang 1985, 292 S., 56. Jahrgang 1987, 236 S., kt. je Bd. 28,– DM.
Martin Luther: Die Hauptschriften. (Hrsg. v. K. Aland), 466 S., Leinen, 26,– DM.

Bibel, Glaube, Andacht, Gebet

Christian Keller: Das Evangelium des Paulus. Genannt der „Römerbrief", unter Berücksichtigung des griechischen Urtextes aus dem Deutschen ins Deutsche übersetzt. 72 S., kt. 18,– DM.
Helmut Ludwig: Rede, Herr, ich höre. Tägliche Andachten im Großdruck, Neuausgabe. 392 S., kt. 9,80 DM.

Kalender

Evangelischer Kirchenkalender. Notiz- und Amtskalender mit ausgedruckten Losungen und Lehrtexten. Flexibler Kunststoffeinband, Zeichenband, Einstecktasche 13,80 DM.

Wichern
Wichern-Verlag GmbH mit Abt. CZV-Verlag · Bachstraße 1-2 · 1000 Berlin 21